新军迷系列丛书

别告诉我你懂冷兵器

《深度文化》编委会　编著

U0299262

清华大学出版社
北京

内 容 简 介

本书共分为 4 章,第 1 章对冷兵器的定义、历史、分类、生产工艺、性能标准等基础问题进行了解答;第 2 章对冷兵器构造相关的问题进行了解答;第 3 章解答了与冷兵器性能相关的问题;第 4 章则解答了与冷兵器使用技术、战术相关的问题。为了帮助读者理解复杂的军事知识并增强图书的趣味性和观赏性,书中配有大量示意图、鉴赏图以及生动有趣的小知识。

本书内容丰富,结构严谨,分析讲解透彻,适合广大军迷和中小学生作为科普读物。同时,它也适用于国防教育工作者、博物馆工作人员、历史学者、作家、编剧、电视节目制作人、博客作者、游戏设计师、模型制作者、冷兵器鉴定等专业人士作为参考书籍。此外,本书亦可作为各大军事院校相关专业的教学辅助用书。

图书在版编目 (CIP) 数据

别告诉我你懂冷兵器 /《深度文化》编委会编著 .

北京 : 清华大学出版社 , 2024.11. -- (新军迷系列丛书),

ISBN 978-7-302-67407-8

Ⅰ . E922.8-49

中国国家版本馆 CIP 数据核字第 2024NF5672 号

责任编辑: 李玉萍
封面设计: 王晓武
责任校对: 张彦彬
责任印制: 沈　露

出版发行: 清华大学出版社
网　　　址:https://www.tup.com.cn,https://www.wqxuetang.com
地　　　址:北京清华大学学研大厦 A 座　　　邮　　编:100084
社 总 机:010-83470000　　　邮　　购:010-62786544
投稿与读者服务:010-62776969,c-service@tup.tsinghua.edu.cn
质 量 反 馈:010-62772015,zhiliang@tup.tsinghua.edu.cn
印 装 者: 北京博海升彩色印刷有限公司
经　　销: 全国新华书店
开　　本: 146mm×210mm　　　**印　张:** 8　　　**字　数:** 307 千字
版　　次: 2024 年 11 月第 1 版　　　**印　次:** 2024 年 11 月第 1 次印刷
定　　价: 59.80 元

产品编号:098059-01

前 言

　　冷兵器一般是指不利用火药、炸药等热能打击系列、热动力机械系列和现代技术杀伤手段，在战斗中直接杀伤敌人、保护自己的武器装备。广义的冷兵器则指冷兵器时代所有的作战装备。

　　最初的冷兵器，其实就是远古人类手中用来耕作、狩猎用的工具。随着人类文明的不断发展，各式各样的冷兵器更是层出不穷，仅仅在中国传统说法中就有着"十八般兵器"的存在。每种冷兵器还可以根据其外形、大小、用途等细分为若干不同系列。在不同地区，由于民族、体质等方面的差异，所发展出来的冷兵器在外形、用法上也存在很大区别。随着战争及生产水平的发展，冷兵器经历了由低级到高级，由单一到多样，由庞杂到统一的发展完善过程。火器时代开始后，冷兵器已不是作战的主要兵器，但因其具有特殊作用，故一直沿用至今。在现代军队或执法单位中，冷兵器依然在某些特定的环境中发挥着非同一般的作用。

　　从冷兵器时代到热兵器时代，战争形式发生了巨大的变化。在现代社会中，普通人很少有机会接触真正的军用刀剑，但人们依然对冷兵器有着浓厚的兴趣。冷兵器能完胜热兵器吗？冷兵器时代，兵种与武器哪个更重要？匕首成为现代战争中士兵标配武器的原因是什么？弓弩在特种作战中能发挥哪些功用？冷兵器时代与热兵器时代的战争伤亡率哪个更高？许多人都曾有过这样一些疑惑，却无从获得解答。

　　本书采用问答的形式对冷兵器的相关知识进行了讲解，书中精心收录了读者广为关注的近百个热门问题，涵盖冷兵器的发展历史、主要分类、制造材料、生产工艺、整体构造、作战性能等多个方面，每个问题都进行了专业、准确和细致的解答。

本书适合对历史、科普知识有兴趣的读者，包括历史学者、研究人员、教育工作者、学生、军迷以及对古代战争有浓厚兴趣的普通读者。本书旨在为读者提供详尽的冷兵器知识、历史背景和技术分析，满足其对战争技术、战术演变和文化遗产的探索需求，同时也为收藏家和创作者提供了宝贵的参考资料和灵感来源。

本书由《深度文化》编委会创作，参与本书编写的人员有阳晓瑜、陈利华、高丽秋、龚川、何海涛、贺强、胡姝婷、黄启华、黎安芝、黎琪、黎绍文、卢刚、罗于华等。由于科普知识的复杂性，本书内容难免存在疏漏之处，欢迎广大读者提出批评和建议。

编者

目 录

Part 01

理 论 篇

冷兵器是指单纯使用其物理性能攻击而不使用化学燃爆的武器，与火器相对。在火器没有大规模被使用之前，冷兵器一直是战场上广泛使用的兵器。

>>> 什么是冷兵器

狭义上的冷兵器与火器相对，是指不带有火药、炸药或其他燃烧物，在战斗中直接杀伤敌人的武器装备。冷兵器主要用于近战和白刃格斗，部分也可作为远距离抛射。冷兵器最初由木、石、骨等原始材料制成。随着科技的发展，铜、铁等金属逐渐成为冷兵器的主要制作原料。

保存在博物馆中的战国时期青铜剑

纵观世界战争发展史，冷兵器战争从出现到成熟经历了约 2000 年，其持续时间远远超过只有数百年历史的热兵器战争。冷兵器与使用化学能的火器或热兵器相比，有着非常大的差异。冷兵器构造一般较火器简单，可通过人力和机械的力量来操作。在火器没有被大规模使用之前，冷兵器一直是战场上广泛使用的兵器。

广义上的冷兵器是指冷兵器时代所有的作战装备。除了狭义的冷兵器外，它还包括防护装具和攻城和守城器械等。防护装具主要用来保护身体，以避免被敌人杀伤。攻、守城器械则与冷兵器时代的战争形式密不可分，古代攻、守城池的战斗在东、西方都很常见，由此催生的攻城和守城工具也层出不穷。此外，像战车、马车、辔、蹬、鞍以及城郭、护城河等工具或工事，虽然不是"兵器"，但实际上却经常用于作战，因此也属于冷兵器时代的战争工具。

表现冷兵器战争的油画

冷兵器时代的战争，军队人数的多寡，作战兵器的优劣，都对战争的结果起着决定性作用。在双方人数悬殊的时候，往往战役的结果也不会出人意料，"以少胜多"毕竟只是少数。而在双方势均力敌的时候，要想创造战争奇迹，就必须寻找冷兵器以外的其他战争手段。如三国时期的官渡之战、赤壁之战和彝陵之战等，都是以奇制胜，三战皆用火攻，虽然不是热兵器时代，但却巧妙运用了火的威力，从而取得大胜。

冷兵器时代欧洲使用的抛石机

闻名世界的廓尔喀弯刀

▶▶▶ 冷兵器经历了哪些历史变革

冷兵器出现于人类社会发展的早期，由耕作、狩猎等劳动工具演变而来，随着战争及生产水平的发展，经历了由低级到高级、由单一到多样、由庞杂到统一的发展完善过程。世界各国、各地冷兵器的发展过程虽然各有特点，但基本都可以归结为石兵器时代、铜兵器时代、铁兵器时代、冷热兵器并用时代。其中石兵器时代延续的时间最长。火器时代开始后，冷兵器已不是作战的主要兵器，但因其具有特殊作用，故一直沿用至今。

石兵器时代

石兵器时代从原始人学会制作劳动工具——石斧、石刀等开始，到夏朝青铜兵器问世以前，大约经历了 60 万年之久。从出土的石兵器判断，中国最古老的兵器是古代猿人采集燧石、角岩等原料，经过敲打、磨制而成的，有扁、圆、方等各种不规则的形状。人类的祖先依靠这些既是劳动工具又是防卫武器的器具，围兽捕猎、刀耕火种，顽强地生存下来并得以进化发展。到旧石器时代末期，人类已能制造出石矛、标枪、石斧等兵器，进而发明了抛射兵器——弓箭。

描绘石器时代兵器制造场景的油画作品

　　新石器时代，石兵器的制造技术已有了很大进步，种类日渐增多。中国考古工作者曾在浙江省发掘并出土了一批石兵器，有石斧、石铲、石锄、石镰和石戈等。这些石兵器多采用硅质石灰岩、千层岩等石料，经过精心敲打、琢磨、钻凿而成。从这些石器中，已经可以初步划分出打击型兵器（如锤、斧）和切砍型兵器（如刀、镰、戈）等。当时较为先进的石兵器有石戈、石刀、石矛等，它们为后来冷兵器的发展奠定了基础。与此同时，人们还借用兽骨、蚌壳、竹木等材料制作兵器。

新石器时代制造的工具

　　在原始社会，石兵器本身也是劳动工具。那时人与人之间以血缘关系为纽带，结成一个个部落。为了争夺有限的生存资源或掠夺婚姻，部落与部落之间常常发生械斗，甚至爆发较大规模的战争。出于战争的需要，人们手中的劳动工具越来越多地演变为兵器，促使兵器走出原始状态，与劳动工具分道扬镳。进入阶级社会之后，战争具有了阶级斗争的性质。这些具有独特形制和专门作用的战斗器具才演变成真正意义上的兵器，它连同军队一并成为统治阶级的垄断工具。

铜兵器时代

　　在原始社会后期，中国就已经掌握了天然铜的冶炼技术及其器具的制造和使用方法，随后又掌握了青铜冶炼技术。夏代末期，以青铜为制造材料的第一代金属兵器登上了历史舞台,冷兵器正式从石兵器时代进入了铜兵器时代。古代的青铜,实际是红铜与银锡熔炼的合金。用它铸造的器物一般呈青灰色或青绿色,所以称之为"青铜器"。

中国西汉时期的青铜剑

商代的生产力相比夏代更具规模性,特别是青铜手工业。奴隶主为了镇压奴隶的反抗和掠夺的需要,建立了规模更大的军队,因此需要更多的兵器,从而促进了兵器制造业的发展,提高了青铜兵器的制造技术水平。其中最明显的是青铜冶炼工艺的进步,当时已经由矿石混合冶炼铸造的初级阶段,发展到由铜与锡(或铅)冶炼的高级阶段,为制造更精良的兵器奠定了基础。商代制造的青铜兵器,已经出现格斗用的长杆戈、矛和战斧,远射用的弓箭,护身用的短柄刀剑,以及防护装具青铜胄、皮甲、盾等。同时发明了既具有较强攻击力,又具有防护的战车。其中,商代前期以制造适应步兵战斗需要的戈和盾为主,后期以制造战车和适应战车需要的长柄戈、矛、戟和弓箭为主。

周朝建立以后,由官员司空管理兵器制造之事。到了春秋时期,由于铜矿开采和冶铸业的兴盛,青铜兵器制造技术有了新的突破,主要表现在三个方面:一是青铜制造工艺的配方有了科学的比例;二是青铜兵器已向初步的标准化与规范化发展;三是复合剑的创制。春秋时期诸侯征战,南方的吴越地区,其铸剑水平远远超过中原诸国,并且出现了许多传奇式的铸剑大师,如干将、莫邪夫妻和欧冶子,他们的铸剑故事一直流传至今。

铁兵器时代

世界上最早制造出铁器的是小亚细亚（今土耳其境内）的赫梯人，时间在公元前 1400 年左右。约在公元前 1000 年，古希腊和古罗马开始普遍使用铁制的工具和兵器。约在公元前 500 年，欧洲大陆开始普遍使用铁器。美洲及大洋洲则没有铁器时代，因为铁的运用是由欧洲传入的。

铁兵器时代士兵装备的装甲

中国最早的关于使用铁制工具的文字记载，是《左传》中的晋国铸铁鼎。在春秋时期，中国已经开始在农业、手工业生产上使用铁器。到了战国时期（前 475—前 221 年），中国冷兵器逐渐由铜兵器时代进入了铁兵器时代。当时正逢群雄争霸，各诸侯国之间的战争日趋频繁。为了适应战争的需要，各诸侯国都设立了专造兵器的作坊，使兵器制造的品种和数量大为增加，质量也有很大的提高。据说，战国时期有铜山 467 座，铁山 3690 座。人们逐渐掌握炼钢技术后，开始由制造少量的铁剑，发展到大量生产各种铁兵器，从此铁兵器逐渐取代了青铜兵器在战争中的地位。

冷热兵器并用时代

　　火器是中国古代火药兵器的简称。早在公元 1044 年以前，中国北宋军队已经装备有多种早期的火药兵器了，这标志着中国古代兵器的发展步入了新时代。

　　火药起源于中国古代的炼丹术，其三种主要成分都是炼丹术中常用的药物。将火药用于兵器制造并投入实战，在中国开始于唐代末年。公元 907 年，郑璠攻打豫章城（今江西南昌）时，曾利用"发机飞火"烧毁该城的龙沙门。这一战例一般被认为是火器出现的最早战例。公元 975 年，北宋军队征讨南唐时曾使用过以弓弩发射的火箭和以炮（发石机）抛射的火炮，正是因为改用装有火药的弹丸来代替石头，"炮"字的偏旁才从"石"改为"火"。

黑火药

　　北宋时期人们已懂得在火药三种主要成分的基础上，为达到不同的军事目的而增减配方中的其他成分，制造出作用不同的火器。整体而论，北宋时期虽已掌握了火药的生产技术，生产了性质不同的火药兵器，但仍属火器制造的初级阶段；现代枪械雏形的管形火器还没有出现。尽管如此，将火药用于兵器制造，堪称兵器发展史上划时代的里程碑，从此从冷兵器时代过渡到以火器和冷兵器并用的时代。火器登上战争舞台，这也预示着其将导致军事史上的一系列变革，并最终使战争的形式被彻底改变。

冷兵器时代，兵种与武器哪个更重要

美国军事史学家阿彻·琼斯对冷兵器时代主要兵种的优劣势以及相互制约关系提出了一套很有意思的战术理论。古典时代到中世纪的野战战场上有4个基本兵种，即（重）步兵、重骑兵、轻步兵（弓弩手）和轻骑兵（弓骑兵等）。

在地势平坦的战场上，阵型紧密的重步兵（尤其是长矛兵）可以瓦解重骑兵的正面进攻，但无论面对弓弩手还是弓骑兵的箭雨，重骑兵都缺乏足够的防御能力。重骑兵的速度和防护能力可以轻易突破轻步兵的箭网，给后者以毁灭性打击，但面对机动性更优的弓骑兵，重骑兵通常只会被动挨打。在射击对抗中，弓箭手的发射速度和精确性明显优于弓骑兵。重骑兵对于重步兵队形的侧翼和后方有压倒性优势。

冷兵器时代进攻的步兵

轻骑兵和轻步兵远程射杀敌人是优势所在，但必须打完就跑，否则被重骑兵或重步兵追上近身作战，凶多吉少。

公元前490年的马拉松战役，雅典重步兵对阵以弓箭手为主的波斯军队。雅典军队两翼的步兵冒着箭矢慢跑冲锋，进入对手射程内开始加速。雅典士兵的长矛进攻借助巨大的冲击力，犀利无比，很多波斯弓箭手被连人带盾刺穿。希腊军队的中路力量薄弱，但两翼成功突破后，与前者一起夹击波斯军的中央方阵。此役波斯军阵队亡 6400 人，而雅典军队则不到 200 人。

合理的兵种组合是取胜的重要因素。优势兵种打击劣势兵种，能以较小代价在战斗中获胜，反之则必败无疑。1298 年福尔柯克战役的苏格兰主力兵种是长矛步兵，其他兵种数量很少，但英格兰除了基本的步兵，还有远程杀伤力极强的长弓手，以及冲击力和机动性兼具的重骑兵，即便苏格兰指挥官华莱士再有才华也很难弥补这样的内在差距。1314 年的班诺克本战役，苏格兰国王罗伯特一世手里可打的牌就多了，除了勇猛的长矛兵，还有一支 700 人的精锐重骑兵。正是这支骑兵队伍迅速冲散了英格兰的长弓手，保住了苏格兰几乎失掉的胜利果实。

地形对不同兵种的发挥有着极其重要的影响。在公元前 53 年的卡莱战役中，帕提亚轻重骑兵的威力之所以能发挥得淋漓尽致，是因为战役发生在适合骑兵机动作战的平坦沙漠上。亚美尼亚国王曾建议克拉苏取道亚美尼亚直接进攻帕提亚的首都泰西封，沿途经过的都是山地，不适合帕提亚骑兵机动，但傲慢无知的克拉苏执意横穿美索不达米亚沙漠地带。森林地区是比山地更不利于骑兵作战的地形，在进攻叙利亚时，帕提亚人曾试图砍光目标城市周围的所有树木，但最终不得不放弃扩张。

除了天然的地理优势，还可以人工制造有利的地形和防御工事。1385 年的阿尔茹巴罗塔战役，葡萄牙与其盟友英国联合抵抗西班牙卡斯蒂利亚和法国军队的入侵。葡萄牙人在战场上挖掘了很多壕沟和坑穴，英国长弓手和葡萄牙十字弩手就躲在壕沟里射箭，遍布的坑穴令敌军不是绊倒就是落入陷阱。通常情况下相对弓弩手的优势兵种——法国重骑兵，以及卡斯蒂利亚的标枪轻骑兵和步兵均会遭受重创。英国人在百年战争期间（1337—1453 年）经常使用这种战壕和陷阱战术。现代考古发现，阿尔茹巴罗塔古战场的坑穴每个有 0.9 平方米，相距 0.9 米，分布在 180 米宽、90 米纵深的扇形阵地中。

19 世纪的法国胸甲骑兵

作为礼仪用途的现代法国骑兵

　　冷兵器时代不同国家武器装备水平的差距或许没有现代战争那么显著，却也足以改变兵种间的克制关系，从而左右战事走向。影响一场战役的因素是复杂多样的，经典意义上的兵种相克、灵活的兵种组合、有利地势、武器装备都可能成为决定性因素，但上述因素的综合运用和卓越执行离不开战场上的主角——统帅和士兵。

普鲁士的燧发枪步兵

如何对冷兵器进行分类

冷兵器的分类方法很多，按材质可分为石、骨、蚌、竹、木、皮革、青铜、钢铁等兵器；按作战方式可分为步战兵器、车战兵器、骑战兵器、水战兵器和攻守城器械等；按结构形制可分为短兵器、长兵器、抛射兵器（古代系以绳索，抛放打击敌人后可以收回的兵器）、护体装具、战车、战船等；按用途可分为进攻性兵器、防护装具和攻守城器械。

进攻性兵器

进攻性兵器是冷兵器时代最基本也是最重要的作战工具，可以分为格斗兵器、护身兵器和远射兵器三大类。

格斗兵器也叫作长兵器，一般是在长柄上安装有锋利的刃，使之具有杀伤性。这类兵器是冷兵器时代最基本的攻击性兵器。与护身兵器相比，格斗兵器具有时效性好、可先发制人的优点。格斗兵器主要包括枪、矛、戈、戟和殳等。其中殳的形状像捣米用的杵，所以又有"杵"的称呼，在商朝末年已经是普遍使用的兵器了。孟子曾形容武王伐纣时的战况惨烈，竟然到了"血流漂杵"的地步。由此可知，商、周都曾大量使用"杵"作为兵器，这种又长又重的木质兵器，竟能漂浮在兵士们的鲜血中，足见死伤之惨重。殳后来逐渐发展成为各种形制的棍棒类兵器。

北宋军事著作《武经总要》中描绘的九种枪型（从左至右依次为鸦项枪、素木枪、环子枪、单钩枪、双钩枪、太宁笔枪、槌枪、梭枪、锥枪）

护身兵器也叫作短兵器，一般短柄，易于单手使用，主要用作护体防身。护身兵器主要有刀、剑和匕首等，这类兵器在现代军队中仍然占有一席之地。世界上大多数国家都为自己的陆军配备了刺刀，为伞兵配备了伞兵刀，并为三军仪仗队配备了指挥刀，而锋利无比、用途广泛的格斗刀、生存刀和丛林刀等，则是特种部队的挚爱。

远射兵器又叫作抛射兵器（missile weapon），是用来远距离杀伤敌人的主要兵器。这类兵器以弓、弩为典型代表。

防护装具

冷兵器时代的防护装具主要用来保护身体，以避免被敌人杀伤。防护装具主要包括盔甲和盾牌两大类。

盔甲是冷兵器时代头部和躯干各部位防护装具的统称。其名称繁多，但基本上可分为护头的盔和护身的甲两部分，甲又可分为甲身、甲裙、甲袖和配件几部分。早期，人们用兽皮柳条、有垫衬材料的布套、木头等固定在躯干上用以防护兵器的攻击。随着生产技术的发展，后期逐步出现了皮盔甲、膝盔甲、铜铸盔甲，以及整块金属锤炼而成的板甲、金属编织的锁子甲等。

链甲的图示

盾牌是一种手持的防卫兵器。开始用木、竹、皮革制作而成，后来用铜、铁制造。形体多为长方形、圆形或梯形。表面涂有色彩及图案。背后有握持的把手，通常与刀、剑等兵器配合使用。古罗马、古希腊及古代东方诸国，曾广泛使用过盾牌。中国原始社会就有简单的盾牌，之后种类和形状越发完备，盾牌的名称、形状、尺寸也各有区别。随着火兵器的发展，盾牌逐渐被废弃，但在中非、南美及大洋洲诸岛的一些民族中，盾牌仍沿用至今。另外，经现代技术制造的防弹盾在各国执法机关中已普遍装备。

攻守城器械

城池自出现以来，一直是国家政治、经济、文化中心，人口密集，地位显要，是历代战争的必争之地，所以攻守城池的战斗在古代是主要的战争形式之一。

中国古代的城是封闭式的堡垒，不仅有牢固、厚实、高大的城墙和严密的城门，而且城墙每隔一定距离还修筑有墩、台楼等设施，城墙外又设有城壕、护城河及各种障碍器材。可以说层层设防，壁垒森严，攻城与守城都是显示智谋和武力的硬战。古代用作攻城或守城的器械包括云梯、冲撞车、刀车、床弩、抛石机等。

抛石机结构示意图

云梯结构示意图

冷兵器的冶炼技术有几种

在冷兵器时代，兵器的质量直接取决于所用材料的优劣。石兵器时代以石为材，并没有太多的技术含量。而到了铜兵器时代以及之后的铁兵器时代，冷兵器的原材料变成了青铜、铁和钢，这就需要相应的技术支持了，其中最关键的当属冶炼技术。

青铜冶炼

青铜兵器的出现和发展是建立在冶金设备的发展和完善基础之上的。先进的炼铜竖炉是青铜冶铸业兴起的标志之一。从已出土的春秋时期的炼铜竖炉来看，当时的竖炉由炉基、炉缸和炉身组成，在炉的前壁下部设有金门和出渣、出铜的孔洞，炉侧还设有鼓风口，整体结构已相当先进。

纯铜

在冶炼青铜的过程中，人们还逐步发现了通过改变铜与锡、铜与铅的配比，能够使炼制出来的青铜属性发生变化。青铜熔点低，加进的锡越多，熔点越低。同时随着加锡量的增多，硬度也会随之增高，远远超过了红铜的硬度。但是加锡过多时，青铜反而变脆，容易断裂。后来，人们又发现在青铜中加入定量的铅，就能克服青铜较脆的弱点。通过反复的实践，到战国时期，人们已经总结出配制青铜合金的规律。

青铜矛

商代的青铜戈

钢铁冶炼

由于青铜冶炼技术的炉火纯青，青铜兵器在春秋时期进入极盛时代。到了战国时代，由于冶铁技术的进步、社会经济制度的变革以及社会上对于铁器需要量的增加，铁矿的开采、铁的冶炼和铸造成为关系国计民生的重要手工业。因此，冶铁业开始发展起来。

人类冶铁炼钢技术的发展都经过了熟铁（块铁）、生铁（铸铁）、钢三个阶段。由于生铁的性能远高于熟铁，所以真正的铁器时代是从生铁诞生后开始的。

东汉时期，先进的"百炼钢"工艺出现了，这是中国古代最主要的炼钢技术。

百炼钢肇始于西汉早期的块炼渗碳钢,其后不断增加锻打次数而成定型的加工工艺。其特点经过是反复加热锻打,从而排除钢中的杂物,减少残留杂物的大小,使其成分趋于均匀,组织趋于致密,细化晶粒,改善钢的性能。到东汉、三国时期,百炼钢工艺已相当成熟。魏晋则是百炼钢的鼎盛时期。后来这一工艺一直被继承,并不断得到发展。

近代的平炉出钢

盾牌经历了哪些演化

在人类军事斗争的历史中,刀、剑、长矛等进攻性武器不断演化,发展出各种各样的类型。它们因为当地环境和使用者的特点,演变出了各种各样的形制。进攻性武器如此,防御性武器也是如此,而防御性武器的一个典型就是盾牌。盾牌在人代表类的战争历史中，为了适应不同的需求，也发展出了各种各样的形制，产生出很多不同的样式。

希波战争中持盾牌的希腊士兵

　　工人在制作盾牌的时候，根据技术水平和战术需求，往往要挑选不同的制作材料。现在看，盾牌的材料主要有三大类，即毛皮质、藤木质、铜质、铁质。最早的盾牌主要以毛皮和藤木为制造材料。随着技术的发展，金属如青铜、钢铁也被采用，成为新的盾牌材料。发展到现代社会，聚碳酸、PC 材料，玻璃钢等材料也成为盾牌材料家族的新成员。

　　动物的毛皮可能是人类最早的盾牌制作材料。毛皮盾牌是将动物的皮毛（主要是牛皮）进行一些硬化和防腐处理，以木棍或者处理过的木材作为支架，张开毛皮，起到遮挡身体的作用。这样制成的盾牌往往十分轻便，有的甚至可以在非作战时将盾牌卷起来携带，祖鲁人的皮盾就是如此。

　　在毛皮以外加上藤、木材料，再搭配以漆、胶粘合而成的盾牌，是盾牌材料的第二个发展阶段。这个阶段可以说贯穿于人类文明史的大部分时期。从公元前 13 世纪的迈锡尼文明到我国的清朝，都使用过这种材料所制成的盾牌。

士兵正在练习如何使用盾牌

与这一时期在一定程度上重叠的,是金属盾牌。早期的金属盾牌由青铜制成,比如著名的斯巴达重步兵所使用的,就是由青铜制成的大型圆盾,又称阿尔戈斯盾。

在钢铁技术成熟以后,钢铁盾牌也出现了。钢铁盾牌大多数被制成小型圆盾,主要作为骑兵的护具使用。例如曾经横扫亚欧大陆的蒙古铁骑,就往往以铁质小型圆盾作为骑兵的护具,其防护效果甚至可以代替头盔。

公元三世纪的圆木盾

　　除此之外，在藤、木、毛皮所制成的盾牌上再增加金属部件，强化其防御能力也是一个重要的发展方向。除了早期较为落后的时代以外，盾牌很少是以单一材料制成的。

现代警察使用的防暴盾

现代军/警用盾牌主要有哪些作用

现在，世界各地有许多警察机关及部队仍使用盾牌对抗武力攻击，这些现代的盾牌根据用途的不同主要分为两种。

防暴盾

防暴盾是现代防暴军警常用的防御器械。其具体构造包括盾板和托板。盾板多为外凸圆弧形或弧面长方形，托板通过连接件固定连接在盾板的背面，在托板上，设有扣带和握把。防暴盾通常使用聚碳酸、PC材料、玻璃钢等轻质材料。由合成物料制成的防暴盾通常为透明的，允许整个盾牌能被使用而视线不会被阻挡。同样地，金属制防暴盾常拥有一个位于眼睛水平线上的小窗口。这种防暴盾牌普遍用于抵挡小型爆炸所产生的碎片、投掷物品、汽油弹，以及在近身攻击中提供保护。

士兵进行日常实战训练

警察使用的防暴盾一般可应对群体骚乱等低等级的冲突，能有效阻挡砖瓦、石块、棍棒、玻璃瓶等物体的打击和冲刺。特种警察使用的防暴盾一般还有防弹、防冲击波和防强光的功能。能够抵挡轻型武器在近距离的射击，对于近距离爆炸的手雷的冲击波和弹片也有一定的效用。在前进中，小队第一名队员往往手持防暴盾，以便给后面的队员提供掩护。

士兵进行日常训练使用盾牌做掩护

防弹盾

防弹盾是一种常用的警用装备，主要用作抵抗武装罪犯的枪械攻击。由于需要有防弹功能，通常以更高级的合成材料制成。它们通常由特种警察于高度危险的环境中使用。

新型的防弹盾牌使用荷兰帝斯曼公司迪尼玛 UD 超强聚乙烯材料、美国杜邦公司凯芙拉芳纶材料等超强纤维材料及高强度阻燃玻璃钢等材料，采用特殊工艺压制而成。产品具有轻便灵活、综合防弹性能好、防弹级别高等显著特点，目前该盾牌已经在全世界范围内大量配备。

现代特警使用的防弹盾

警察正在使用防弹盾

▶▶▶ 古代常说的"十八般兵器"具体指的是什么

　　虽然传说"十八般兵器"由战国时代军事家孙膑、吴起所创，但"十八般兵器"一词在古书中却找不到，明代谢肇《五杂俎》，清代褚人获《坚集》两书中都只有"十八般武艺"之说。显然，"十八般兵器"一词是后人所造。"十八般兵器"究竟指的是哪些兵器，因为年代、地区和流派的不同，对"十八般兵器"的解说也各异。汇总起来。古今有以下多种不同的说法。

　　▶　汉武帝元封四年（公元前 107 年），朝廷经过严格的挑选和整理，筛选出 18 种类型的兵器，即矛、镗、刀、戈、槊、鞭、锏、剑、锤、抓、戟、弓、钺、斧、牌、棍、枪、叉。

　　▶　三国时期，著名兵器鉴别家吕虔，根据兵器的特点，将汉武帝钦定的"十八般兵器"重新排列为九长九短。九长，即戈、矛、戟、槊、镗、钺、棍、枪、叉；九短，即斧、戈、牌、箭、鞭、剑、锏、锤、抓。

　　▶　据明代谢肇的《五杂俎》、清代褚人获的《坚集》两书中所载，"十八般兵器"为弓、弩、枪、刀、剑、矛、盾、斧、钺、戟、黄、锏、挝、殳（棍）、叉、耙头、锦绳套索、白打（拳术）。后人称其为"小十八般"。

现代制造的长矛

博物馆中的十八般兵器

中国明代制造的铁鞭（上）和环首刀（下）

▶ 现代武术界对"十八般兵器"的普遍理解是刀、枪、剑、戟、斧、钺、钩、叉、镗、棍、槊、棒、鞭、锏、锤、抓、拐子、流星。

战国时期的铜钺（无柄）

战国时期的青铜弋

　　槊是我国古代的冷兵器，被列入"十八般武器"。槊在外形上酷似红缨枪，在攻击强度上堪比斧头。根据使用场景的不同，槊又可分为马槊、步槊和杂槊。顾名思义，马槊是骑兵使用的武器，步槊则是步兵的专属，而杂槊则是其他外形独特、用法难以考证的类似槊的武器的统称。

　　槊并非凭空出现的武器，它是在长久的战斗中，吸收其他武器的各种特点，而逐渐发展出自己的形制的一种武器。正因为如此，槊时常会与其他武器"撞脸"。早在先秦时期，槊就已经被视作武器并应用于战争之中，只不过当时它被称为"铍"，采用青铜制造。汉武帝时期，骑兵部队的兴起让铍有了大展身手的好机会，它取代了原来的短剑，成为骑兵的常备武器。随着冶铁技术的不断发展，汉朝的铍改用铁料制造，铁铍的锋利度、耐用性都远远超过先秦时期的青铜铍。更重要的是，此时的铍有了新的名字："矟"。"矟"与"槊"是同音异构词，所以也有人称"铍"为"槊"。至此，铍真正成长为"十八般武器"中的"槊"。

魏晋南北朝以及隋唐时期，槊得到了大规模的运用。两晋时期，北方游牧民族崛起，游牧民族的骑术要远远超过汉族的骑术，这些少数民族凭借着高超的骑术在中原地区建立了属于自己的政权，例如鲜卑族建立的燕国，氐族建立的前秦，所以在这个时期，骑兵的装备得到较快的发展，并且成为国家军队的主力。骑兵部队是各个少数民族逐鹿中原的决定性力量，而马槊正是骑兵屡战屡胜的关键因素。唐朝时期，骑兵部队也会装备威力巨大的马槊，其长度已达4米，骑兵要经过专业的训练，才能发挥马槊强大的威力。

在我国历史上，不少英雄人物都对槊爱不释手。北朝冀州刺史高翼之子高敖曹就曾手执马槊，以一敌百；唐太宗李世民的爱将尉迟恭也极善用槊，唐太宗曾言："吾执弓矢，公执槊相随，虽百万众若我何"；唐朝名将秦琼，也曾一人手执马槊摧毁敌人营垒，万夫称道；而唐朝名将程咬金在民间故事中是一员福将，其三板斧相当厉害，但实际上，程咬金一生并未以板斧为武器，而是用槊。

后来，因为槊造价昂贵，制造工序烦琐，不仅要耗费大量的制作时间，而且制作失败的概率也很高，一旦失误，就会损失大量的材料，造成浪费。据计算，制造一支槊的木材，可以用来做十张好弓。宋朝对军费开支的投入本就十分吝啬，渐渐地军队也就不再使用如此昂贵的槊了。

敦煌莫高窟壁画《五百强盗成佛图》中描绘的南北朝时期骑兵使用马槊的画面

清殿藏本尉迟恭画像

此外，对世家门阀的压制也是造成槊没落的重要原因。唐朝之前，使用槊的都是富贵的世家大族，因为他们有足够的金钱打造槊，并且能够对士兵用槊进行系统性的指导。但宋太祖赵匡胤建立宋朝之后，实行"文官治国"的政策，世家门阀失去掌管军队的机会，槊的使用和传承从此失去了推广人。

正是由于上述多种因素的共同影响，槊才渐渐走向没落，并被其他兵器所取代。

▶▶▶ 大名鼎鼎的陌刀为何没能流传下来

陌刀是我国唐朝时期长柄刀的一种，早在唐高宗时期便开始流行。在大唐与突厥的对抗中，具有传奇色彩的陌刀发挥了巨大的作用，因此便有了斩马刀的美誉。装备陌刀的军队不断斩杀敌人，有力地彰显了大唐盛世气吞山河的威武气概。

安史之乱时期，陌刀也发挥了重要作用。公元757年，在长安城西的香积寺附近，安禄山正率领叛军攻打唐军，其骑兵部队直插唐军中军大帐，所有人都以为这次唐军必输无疑，但就在这时，奇迹出现了。唐军后营突然冲出一支部队，那些士兵个个身强体壮，手持一把长柄刀，转瞬之间，叛军被杀得丢盔弃甲，而这支部队就是由唐朝大将李嗣业率领的陌刀队。据史料记载，李嗣业身高七尺，力大无穷且擅用陌刀，每次出战都身先士卒，被世人称为"神通大将"。陌刀队的出现，使战场形势大变，唐军士气重振，叛军仓皇逃窜。唐军最终赢得了香积寺之战的胜利，成功收复了长安，唐朝也因此续命150年。

唐代宗时河东节度使都虞侯李筌编纂的兵书《神机制敌太白阴经》中曾有记载，一般在万人部队中，排列在前的是弓弩兵，其次是长枪兵，两边是骑兵，站在最后面的则是充当救火队的陌刀兵。这种布阵方式的目的是阻拦敌人的骑兵，等他们突破弓弩兵和长枪兵的防线时，陌刀队及时出现并制止，可避免全军覆没的危险。在安史之乱中，陌刀队的出击也正是出于这种安排。

今人想象的陌刀队士兵形象

　　据《新唐书·张兴传》中描述，唐朝时期，一把陌刀至少有 50 斤重，按照今天的重量来看，就是 11 公斤左右。陌刀属于长柄刀的一种，非常耐砍且不容易变形，所以对付骑兵最为合适，在战斗时，使用陌刀的一方一般会将骑兵连人带马一起斩杀，可谓"人马俱碎"。要达到这种效果，不仅陌刀要足够厚重、锋利，而且拿刀的人也要魁梧有力。因为陌刀在冷兵器中属于偏重的一类，所以陌刀队的将士往往都是身材高大、孔武有力的人。

现代制造的三尖两刃刀

　　陌刀最值得称赞的就是它的砍杀效果，用来对付骑兵最为有效，其战术作用甚至可以和今天的反坦克武器相媲美。令人惋惜的是，由于唐朝政府明令禁止将陌刀作为陪葬品一同陪葬，并且陌刀在宋朝时期走向衰落，所以现在考古人员连一把陌刀都没有发现。再加上唐朝以后，史册上很少记载关于陌刀的信息，所以陌刀的形制至今未有定论。北宋时期的军事著作《武经总要》里描绘的棹刀和三尖两刃刀，有点类似于陌刀，所以有部分专家认为，那很可能就是陌刀的原型。

为什么威力强大的陌刀到了宋朝会没落呢？原因很简单，陌刀的制造成本非常高，哪怕是在唐朝，也只有一小部分军队可以配备，而且陌刀的维修成本也很高，在战争中受损后不易恢复。而宋朝在陌刀的基础上发明了价格低廉、效果又好的新武器，自然不会继续使用陌刀。宋朝发明的"麻扎刀""捉刀""长柯斧"等武器，都借鉴了陌刀的原理。

▶▶▶▶ 宋朝军队为何没有配备狼牙棒

狼牙棒是棍棒类武器中知名度很高的一种，在影视剧和小说中，狼牙棒往往是由力大无穷的武将所使用。只要一名武将手持狼牙棒，大家都会觉得此人不是善茬。例如《水浒传》中一百零八将之一的"霹雳火"秦明，就凭借一条狼牙棒攻打祝家庄、高唐州、大名府等，在诸多战斗中都立下了赫赫战功，给人留下了深刻印象。那么狼牙棒究竟是一种什么样的武器？这种常见的钝器为什么会有这么大的魅力？

明代画家陈洪绶绘制的"霹雳火"秦明人物形象图

狼牙棒的起源已不可考，一般认为春秋战国时期的殳、隋唐时期的蒺藜棒，都可看作狼牙棒的前身。宋朝时期，狼牙棒成了一种重要的制式武器，但并不是由宋军使用，而是由辽国和金国军队使用。辽和金都以少数民族为主，世代以游牧为生，资源匮乏，没有大量制造刀、剑等铁制武器的条件。所以他们习惯用动物的骨头、石头或者铜来制作武器，狼牙棒就是在这个时候被制作出来的。狼牙棒的制作材料廉价，甚至不用多么专业的炼铁工匠，只需几根动物骨头，钉上密集的铁钉，一件杀伤力较强的武器就制作完成了。这样的狼牙棒经常在战场上杀得宋军叫苦连天，在种种皮肉打击和拉扯之下，一名又一名士兵就此殒命。宋军中甚至一度流传出"金有狼牙棒，宋有天灵盖"的自嘲说法。后来狼牙棒也因为在战场上声名远扬而传进了中原，不过一般只在民间被广泛使用，而无法在宋军中大量配备。

很多人无法理解宋军既然在狼牙棒上面吃了那么多亏，都到了只能献出天灵盖的地步了，为什么不在军中大量配备狼牙棒。毕竟狼牙棒制造简易，以当时宋朝工匠的高超技艺，完全可以大量制造。

狼牙棒结构示意图

其实不是宋军不想大量配备狼牙棒，而是当时的条件并不允许。狼牙棒是一种重型武器，需要战马拖运。而且狼牙棒更适合骑兵使用，女真族号称"马背上的民族"，狼牙棒简直是为他们量身打造的武器。宋朝失去河套地区后，便无法再大量培育优良的战马。也就是说，宋军根本就没有多少工具来运送战略物资。而且没有战马来源，也注定了宋军骑兵的衰落，所以宋军奉行"以步制骑"的战略，而步兵在战斗中显然没办法一直挥舞笨重的狼牙棒。

此外，金军骑兵大量使用狼牙棒主要也是为了击穿宋军士兵的铠甲，中原地区的冶铁技术经过上千年的发展已经非常成熟，只有狼牙棒这样的重型武器才具备对铠甲的穿透力。

如此一来就形成了这样一种局面：宋军士兵并不需要使用狼牙棒来穿透金国士兵的铠甲，他们凭借长枪、斩马刀和弩等武器，已经足够在战场上抗击金军了，这时候再配备狼牙棒，反而得不偿失。

京剧中武将背后的靠旗有没有历史依据

喜欢京剧的朋友会发现，舞台上的武将出征时，背后都会插上多杆旗帜，例如著名的《穆桂英挂帅》，穆桂英的背后就插着4杆旗帜，与她一同出征的杨家将，每个人背后也都彩旗飘飘。

按照常识，武将上阵杀敌，收拾得越干净利落，身手才会越敏捷，背后插上这些旗帜，岂不影响战斗力的发挥？京剧舞台上的这种扮相，是单纯为了好看的胡编乱演，还是确有历史依据的艺术创造呢？

事实上，这种旗帜是我国传统戏曲中武将的重要装束之一，专业名称为"靠旗"。它不仅仅是戏曲舞台上武将的身份标识，在古代战争中也是真实存在的。现代人很难想象，穿着金属铠甲，背后还插着四面靠旗，怎么能够在战斗中灵活发挥呢？

带有靠旗的戏服

　　早在南北朝时期墓葬出土的壁画上，考古学家就曾发现背插旗帜的武将形象。明朝抗倭名将戚继光的著作《练兵实纪》中明确规定："步兵旗总，每名背旗一面，旗枪杆一根；步兵队总，每名色旗一面，长旗杆一根；骑兵旗总，每名明盔一顶，甲一副，臂手一副，背旗一面，旗杆一根；骑兵队总，每名明盔一顶，甲一副，臂手一副，背旗一面，旗杆一根。"旗总是明朝军队的基层指挥官，可以指挥一个作战单位，而《练兵实纪》明确要求他们背旗一面，可见，靠旗在当时已经得到普遍应用。

戏服的靠旗

　　靠旗在我国古代军队中的应用历史非常悠久。在清朝中晚期来华的英国使团成员留下的文字记录和绘画中，有些清兵的背上都插着靠旗，由此可以证明，靠旗直到清朝仍然没有退出历史舞台。

京剧的前身是徽剧，清代乾隆五十五年（1790 年）起，原在南方演出的多以安徽籍艺人为主的三庆、四喜、春台、和春四大徽班陆续进入北京，与来自湖北的汉调艺人合作，同时吸收了昆曲、秦腔的部分剧目、曲调和表演方法，又吸收了一些地方民间曲调，通过不断的交流、融合，最终形成京剧。京剧舞台上的武将装扮，也正是对清军当时装备的艺术再现。

实际上，这种看似累赘的靠旗是有利于武将作战的。

第一，主将的靠旗是军事行动的指挥棒。古代的战争都是近身肉搏战，敌我双方很容易打成一场混战。为了便于指挥，古人发明了锣鼓与旌旗。《孙子兵法》有云："言不相闻，故为金鼓；视而不见，故为旌旗"。混战一开，士兵就很难找到己方将领，此时将领背上的靠旗就能发挥作用了，士兵在很远的地方就能分清靠旗的颜色与图案，这样士兵只要盯紧己方将领的靠旗，就能时刻跟随将领，做到旗进人进、旗退人退，保持步调一致，在将领的率领下，完成既定任务。

第二，靠旗还是身份的识别标识。在近战中，为了分清敌我，除了军服，再加上"旗帜鲜明"的靠旗，就不至于引发自相残杀的悲剧了。

第三，靠旗还具有护背的防御功能。混战中，将士们要同时应付来自四面八方的威胁与进攻，但人类没有三头六臂，难免顾此失彼，很容易遭到来自脑后的敌军攻击。在近战中，靠旗可以有效抵挡来自背后的袭击。

弓弩有哪些类型

传统弓

传统弓主要包括单体弓和角弓。

1）单体弓

早期的弓通常只用一种材料制作（除弓弦外），因此被称为"单材弓"，又叫"单体弓"。单体弓主要流行于欧洲，如英格兰长弓。由于欧洲单体弓弹性差，拉弓长度与弓体长度之比低，因此弓长较长，使用者必须有强健的体魄，经过长年累月的训练和实践。亚洲单体弓的代表是不丹竹弓、日本和弓。其中日本和弓是用单体材料采用层压的方式制作而成的。

2）角弓

公元前 1500 年，亚洲地区出现了"混材弓"，即"复合弓"（与现代复合弓不同）。这种弓主要用动物角、竹木、鱼胶和牛筋制作而成，因此也被称为"角弓"。

从地域上看，角弓主要流行于亚洲，其具有代表性的是土耳其角弓、鞑靼角弓、匈弓、清弓等。中国古代最常见的弓就是角弓,这种弓种类繁多,如春秋战国时的王弓、弧弓、夹弓、庾弓、唐弓和大弓;汉代分虎贾弓、雕弓、角端弓、路弓、疆弓;唐代分长弓、角弓、稍弓和格弓。由于根据不同位置的受力需求不同分别使用了相应的最佳材料,因此古代复合弓的效率远高于古代单体弓。

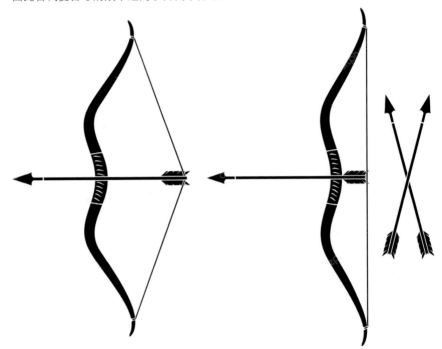

传统弓使用示意图

现代弓

现代弓主要包括滑轮弓和层压弓。

1）滑轮弓

滑轮弓是现代复合弓的俗称，因现代复合弓大多运用了滑轮变力来达到省力的目的而得名。目前，滑轮弓包括 4 种不同的滑轮系统，即单轮滑轮系统（single cam）、混合滑轮系统（hybrid cam）、双轮滑轮系统（twin cam）、二元滑轮系统（binary cam）。

单轮滑轮系统的结构是一个单轮（堕轮）在弓的上部，另一个椭圆形状、提供能量的滑轮在弓的下部。比起双轮弓来说单轮系统通常噪音较小，而且便于维护。由于单轮系统中圆形的堕轮和椭圆形动力轮之间是不能同步转动的，因此从理论上讲单轮系统很难提供一个平直的箭道（仍有争议）。另外，这种滑轮系统不易"平衡"（指速度快和手感好之间的平衡），要么箭速很快但难以掌握，要么手感很好但箭速慢，要获得满意的效果需要花不少心思。目前市场上销售的大多数复合弓产品都采用单轮系统。

混合轮系统最大的特点就是由两个形状不一致的椭圆形滑轮系统组成。上面的滑轮被称为控制轮，下面的滑轮被称为动力轮。从理论上来讲，混合滑轮系统即使没有同步的上下轮转动，也会有和双轮系统一样的平直的箭道，而且能够发挥最佳的性能。

现代弓使用的单轮滑轮系统

双轮滑轮系统是由两个完全一样的圆形滑轮或者椭圆形滑轮上下搭配组成的。从理论上来讲，这种滑轮系统上下轮可以同步转动，能够提供最平直的箭道以及最好的准确度和速度。这种滑轮系统的主要缺点是噪音较大，在拉满弓的时候停顿的感觉也不明显。

双轮滑轮系统实际上就是一个修改过的三凹槽双轮系统，它比其他系统更能让滑轮发挥效用。这种滑轮系统只有两根连接上下轮的控制弦，达到了一种让上下滑轮"自由浮动"的平衡状态。在拉弓的时候，二元滑轮系统能够在上下轮之间自动平衡，可以消除弓翼偏斜等问题对箭矢的影响。

2）层压弓

层压弓大致可分为现代层压弓、仿古层压弓两种类型。其采用高强度、高弹性的合成材料（玻璃钢片、碳纤维片）和竹木用黏合剂黏合在一起，射箭比赛中常见的反曲弓就是层压弓的一种，它使用铝合金等金属材料制造弓把。现代层压弓的代表有黑寡妇、熊弓等，仿古层压弓的代表有 Grozer 和卢卡斯等。

日本江户时期的弓和箭

弩的类型

现代弩可以分为反曲弩和复合弩。一般来说，反曲弩结构简单、坚实耐用。而复合弩的结构比较复杂，需要一定的研发技术，因此制造复合弩的公司通常都实力雄厚。

美国 PSE "精英"弩

现代战争中，刺刀是怎么有一席之地的

　　在现代的近身肉搏战中，刺刀无疑是存在感最强的冷兵器。士兵们拼刺刀的习惯可以追溯到 17 世纪，那时军队使用的还是前装药火枪。这种火枪从装填到击发需要 1 分钟的时间，火枪手在此期间很容易受到袭击。为了解决这个问题，法国人首先把匕首装在枪口上当长矛用，刺刀就此诞生。

　　刺刀又称枪刺，是装于单兵长管枪械（如步枪、冲锋枪）前端的刺杀冷兵器，多用于白刃格斗，也可作为战斗作业的辅助工具。

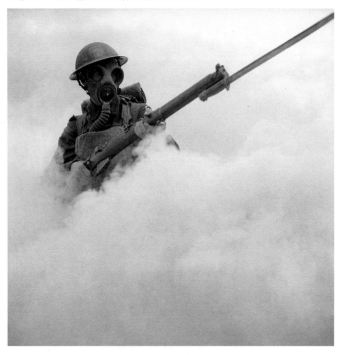

一战时期，士兵使用带刺刀的步枪

　　刺刀由刀体和刀柄两部分构成。按形状可分为片形（刀形或剑形）和棱形（三棱或四棱）两种。按照与步枪连接方式又可分为能从枪上取下装入刀鞘携行的分离式和铰接于枪侧的折叠式两种。分离式刺刀多呈片形，有的刀背刻有锯齿，并能与金属刀鞘连接构成剪刀，具有多种功能。现代刺刀一般刀长 20 ～ 30 厘米，它在近战和夜战中能发挥一定作用。

　　在两次世界大战中，刺刀一直是相当重要的军械，士兵们人手一把，制造数量庞大，至今仍有大量留存。但是在真正的战斗中，两军以刺刀对决的例子越来越少，到了二战，只有日军还有大规模使用刺刀拼斗的例子。其他军队多是以刺刀作为吓阻工具，或是多功能的战斗刀，其长度也被缩短。

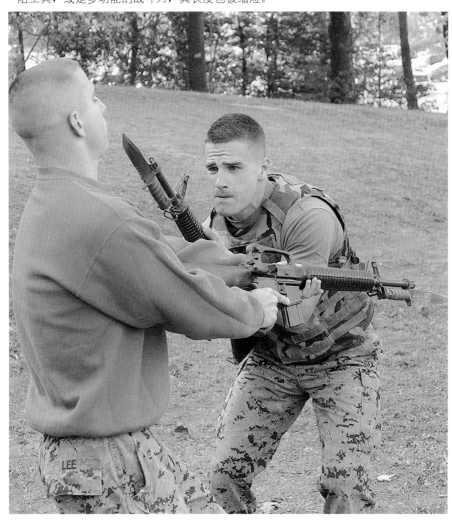

美军进行刺刀演练

等到半自动和全自动武器普及，并配上了高容量弹匣之后，单兵的火力大增，刺刀的地位更是江河日下，除了夜袭等敌我不明、两方极度接近而且敌我混杂的时候，根本没有端枪冲锋的机会。1982 年在福克兰岛龙丹山战斗中阵地，英军发起了刺刀冲锋，最终以 29 名英军、50 名阿根廷部队死亡的代价，夺下据点。

斯泰尔 AUG 突击步枪的刺刀

刺刀虽然在今日实战上的重要性日益减小，但仍是训练部队的一个重要科目，其对培训士兵的体能、集体意识和杀气，有很大的助益。

19 世纪前装式火枪使用的插座式刺刀

现代军刀有哪些类型

在现代战争中，枪、炮和导弹等热兵器早已取代冷兵器成为战场上的主要武器，但冷兵器并没有完全退出军事舞台。现代军队中的刀主要有指挥刀、刺刀、格斗刀、战术刀、生存刀、伞兵刀和工具刀等，虽然真正在战争中使用的机会较少，但仍能在有可能出现的短兵相接中发挥重要作用。值得一提的是，现代军刀大多强调多用途性，因此各种军刀之间的界限并不明显。

指挥刀

指挥刀是指挥士兵作战、演习或操练时使用的狭长的军刀。在古代以及近代的18～19世纪，指挥刀是西方各国军官普遍配备的标准武器。其样式从传统欧洲刀剑演变而来，刀身细长，略带弧度，刀柄处装有护手，外表装饰华丽。20世纪初，随着火器的大量装备，指挥刀逐渐从军队装备中淘汰，并演化成装饰和礼仪性质的刀具。至今在各国军队仪仗队中，仍保留着这种装备。

刺刀

刺刀一般是指装在枪口（一般是步枪，但是在二战时期也出现过机枪乃至于冲锋枪使用刺刀的例子。目前同样存在手枪用刺刀），专门用来在阵地白刃战中刺杀敌人的冷兵器，其设计特点为长度长、适合刺杀（戳刺），刀身通常具有用来放血的血槽，而且早期刺刀在设计时并未考虑其作为其他用途（劈砍、切割、格挡、求生等）的性能，也不适合直接手持。但是现在的刺刀都被设计为多功能刀具或与格斗刀无异，而其作为刺刀进行刺杀的功能反而变成了附属品。

法国 FAMAS 步枪刺刀

格斗刀

格斗刀是指士兵直接手持用于近身格斗的武器，为了适应复杂的格斗环境，格斗刀的设计不再拘泥于长度和刺杀功能，而是设计为适合直接持刀攻防、在生死搏杀中能让士兵先敌一步取敌性命的形制。

格斗刀与匕首最主要的区别在于形状不同。一般而言，匕首可以视为短剑形的格斗刀，刀身较长而直，通常是双刃，以刺击为主要攻击方式。匕首最早是作为暗杀武器，或是战场上最后的格杀武器而存在的，可以说杀人是它唯一的功用。

现代格斗刀有很多不同的形状，如矛形、钩形等，有些还是折叠刀。这些格斗刀不一定以刺击为攻击方式，砍、劈、挑都可能是它们的专长。另外，现代格斗刀不一定以刺杀为唯一功能，有些还具有锯子、铁丝钳、锤子等功能，可以满足其他需求。

战术刀

随着现代战争的发展，传统刀具在战场上发挥的作用越来越小，但其作为一种传统武器又不能没有，尤其是现代特种兵在野外战斗及艰难的生存条件下，用场很大。因此，传统刀具开始向多用途发展，战术刀也可以说是特种兵的第二武器。

美国零误差 0200ST 战术折刀

与刺刀、匕首相比，战术刀是一种多用途、具备各种战术功能的军用刀具，军用刺刀基本上只具备刺杀功能。匕首虽然轻便灵活，但只能短距离刺杀。而军用战术刀既可以刺，也可以砍、削、锯，甚至可以割断高压电线，更重要的是，刀柄内常附带野战必需品。

🔔 **小知识：**

　　20世纪70年代，苏联的特种部队还装备了一种弹道战术刀。这是一种拥有可拆卸式气体或弹簧推动刀片的特殊战术刀，使用者只要按一下刀柄上的按钮便可将刀刃射出，其有效射程大约2米。

生存刀

　　生存刀是野外作战时必须配备的刀具，其要求是必须具备一定的劈砍能力，但又不能过大，主要用以制作一些中等大小的竹木工具。

美国戈博 LMF Ⅱ Infantry 生存刀

伞兵刀

　　伞兵刀是伞兵携行系统中的必带装备，通常为伸缩式自动弹簧刀，主要由刀身、刀柄、保险、开关、内置弹簧、护手、刀套、保险绳等组成。

德国索林根 LL80 伞兵刀

伞兵刀锋利的单面刃口不仅能快速割断降落伞伞绳，还能毫不费力地砍断直径5毫米以下的铁丝；刀背的锯齿能锯断飞机铝壳和电缆，刀柄顶端嵌有高灵敏度指北针，方便行军和判定方位。

>>>> 瑞士军刀从何而来

瑞士军刀又称为"万用刀"，是一种刀身上含有许多工具的折叠小刀，由于瑞士军方为士兵配备这类工具刀而得名。瑞士军刀的创始人查尔斯·埃尔森纳（Charles Elsener）于1860年10月9日出生在瑞士中部的施维茨州。查尔斯是家中的第4个孩子，父亲巴尔特哈沙·埃尔森纳·奥特和母亲维多利亚·埃尔森纳·奥特共同经营着一个帽毡作坊，家境较为富裕。

瑞士维氏"瑞士冠军"军刀

查尔斯早年曾在德国南部城市图特林根（Tuttlingen）做过几年刀具工人，24岁时回到家乡施维茨州宜溪镇开了一家属于自己的刀具工厂。当时，施维茨地区几乎没有任何工业，当地很多年轻农民被迫移民到北美、澳大利亚或新西兰。为了创造新的就业机会，查尔斯于1891年发起并创建了瑞士刀匠大师协会，其主要目的是联合所有瑞士的刀匠以制造当时瑞士军队必须从德国购买的士兵刀。

1891 年 10 月，瑞士刀匠大师协会制造出了第一批发往瑞士军队的军刀。此后，查尔斯开始设计并制造精巧的袖珍刀，他不用数字而用诸如"学生刀"和"农民刀"等名字来区分这些刀具。由于当时的士兵刀很粗大也很笨重，因此查尔斯特别为军官们制造出了较轻且美观的刀，这种刀除了带有士兵刀所有的刀片、锥子、罐头起子和螺丝刀等工具外，还有一个小刀片和一个拔塞钻。这种 2 个弹簧上面装有 6 个刀体的新模型被查尔斯称为"军官刀"，并于 1897 年 6 月 12 日正式注册。这种方便的多功能袖珍刀很快风靡全球，查尔斯的刀具工厂开始收到越来越多来自国外的订单。

瑞士维氏"工匠"军刀

1909 年，查尔斯的母亲去世，为纪念母亲，工厂改以其教名维多利亚（Victory）命名。1921 年不锈钢被发明出来，公司名称后面又加上了 Inox（不锈钢）字样，从而形成了目前这款家喻户晓的 Victorinox 品牌。1945 年到 1949 年，Victorinox 生产的袖珍刀大量出售给美国军队，也使瑞士军刀因此享誉全球。时至今日，Victorinox 已是施维茨地区最大的工业企业，也是欧洲最大的刀具制造商，拥有 1000 多名员工。每天生产各种刀具十几万把，其中的 90% 出口国外。

除了 Victorinox，另一个常见的瑞士军刀品牌是同样创立于瑞士的 Wenger（威格），过去该公司也制造瑞士军刀并供应给瑞士军方，但在 2005 年时该公司被 Victorinox 收购，所以目前 Victorinox 是瑞士军方唯一的军刀供应商。除了 Victorinox 之外，还有众多的厂商生产类似的多用途工具刀，但是一般只有 Victorinox 和 Wenger 的产品才被认为是正宗的瑞士军刀。

瑞士威戈"巨人"军刀

小知识:

美国第36任总统林登•约翰逊(Lyndon Johnson)曾在白宫将刻有他姓名首字母的4000把袖珍刀赠送给他的客人们。后来罗纳德•里根和乔治•布什也继承了这一传统。瑞士军刀也因为其独特设计而被纽约现代艺术博物馆和慕尼黑的国家实用艺术博物馆收藏。

瑞士军刀的折叠状态

▶▶▶ 瑞士军刀广受青睐的原因是什么

瑞士军刀是利用黄铜铆钉将加工过的钢件、其他工具、分隔衬片和握柄贴片结合在一起组合而成的刀具。铆钉由裁切并削尖成适当尺寸的固体黄铜棒制造而成；早期的分隔衬片由镍银制造而成，1951 年后改由铝合金制造，主要是为了减轻军刀的重量。

瑞士军刀上方视角

最初的瑞士军刀有木质的手柄（今日多为塑胶和金属），仅有两种工具，分别是螺丝起子和开罐器。直到 1897 年查尔斯发明新的弹簧，瑞士军刀才开始装进比较多的工具。此后，瑞士军刀的功能不断改进，很快又增添了木锯和剪刀等工具。不久，大螺丝刀上加了一个瓶盖起子，罐头起子上加了个小螺丝刀。而后，刀上又加了指甲锉、牙签、镊子、带金属锉的金属锯、带吐钩器和标尺的除鳞器、十字螺丝刀、钥匙圈和放大镜等。要使用这些工具时，只要将它从刀身的折叠处拉出来即可。

时至今日，瑞士军刀的种类相当繁多，里面所搭配的工具组合也多有创新，如新增的液晶时钟显示器、LED 手电筒、最大存储容量为 128GB 的电脑用 USB 闪存盘、激光笔、打火机,甚至 MP3 播放器等,体积也变得相当迷你,符合现代人讲求方便、实用、安全等的考量。

三种多功能瑞士军刀

左轮手枪及多款瑞士军刀

功能齐全的瑞士军刀

>>>> 军刀与普通刀有哪些区别

　　军刀作为军队中特殊的冷兵器，与其他刀具有明显的区别。就算是私人使用得再好的匕首或者刀具，也不过是在造型和材质上比较好，相比于正式生产出来供士兵使用的军刀而言，还是相差太多。

　　第一个就是精巧度。要说军人在使用军刀的时候，往往都是不便使用枪支的场合，那么能否利用军刀完成原有的任务，对于这把军刀的性能和精巧程度是一个极大的考验。而好的军刀都在精巧程度上经过了多次实验和精准测量，在使用的时候当然不会出现什么大问题，因此对于追求严谨与效率的军队而言是很实用的。瑞士军刀作为世界知名度颇高的军刀，自然非常看重精巧度。

19 世纪法国海军军官用的军刀

拿破仑使用的刀

　　第二个就是功能性。需要使用冷兵器的场合大多十分艰苦且危险，能不能用冷兵器顺利求生就是对一件兵器使用功能的严峻考验。这也是军刀最为关键的要素，即能够适应危险和复杂的环境。

　　瑞士一款名为"巨人"的军刀就是全球最出名也是功能性最齐全的军刀之一，一把军刀集141种功能于一身，当然有不小的体积，所以这把军刀被称为"巨人"。巨人军刀的使用场合也很多，特别是在野外等比较艰苦的环境下，这把军刀就派上了用场，不管是需要砍一些树枝还是剪断缠绕的枝蔓，它都是非常好用的，当士兵隐藏在草丛中的时候，也能够及时地按照自己最佳隐蔽位置来修整周边的地形。

　　此外，军刀在使用的时候也很对得起军刀的名号，轻而易举就能使用各种功能，不管敌人处在什么方位，都可以使用对应的功能来进攻。其实相比于现代科技条件下迅猛发展的枪支和高科技武器，冷兵器反而更加考验匠人的技能和士兵在特殊条件下的应对能力，因为冷兵器并不需要太多的外力加持就可以使用。

手持军刀的英国轻骑兵

军刀的硬度怎么定义

军刀的性能有一个重要指标，那就是"硬度"，最常用的指标有3种，即洛氏硬度、布氏硬度和维氏硬度。

1）洛氏硬度

在规定的外加载荷下，将钢球或金刚石压头垂直压入试件表面，使其中生压痕，然后测试压痕深度，利用洛氏硬度计算公式 HR=（$K\text{-}H$）/C 便可计算出洛氏硬度。简单说就是压痕越浅，HR 值越大，材料硬度越高，可用 HRC 来表示。比如 HRC60即代表在试验载荷为 150 千克下，使用顶角为 120 度的金刚石圆锥压头时，试件的压痕深度为 0.08 毫米。

洛氏硬度机

2）布氏硬度

用一定直径的淬硬钢球，在一定的载荷作用下，压入试件表面，停留一段时间，然后除去载荷，丈量压痕的面积，压痕面积越小表示抵抗可塑性变形的能力（即硬度）越强，压痕越大则硬度越小，用 HB 来表示。

布氏硬度机

3）维氏硬度

利用顶角为 136 度的金刚石四方角锥体作压头，在一定的载荷下压入试件表面，留下方形压痕，根据对角线的长度，即可查出硬度值，用 HV 来表示。一般都是用洛氏硬度来衡量刀刃的硬度，也就是 HRC 值，通常一把好刀的刀刃硬度应在洛氏威尔硬度 50 ～ 60。简而言之，硬度越高，抗磨损能力越强，但脆性也越大。时至今日，钢铁材质的刀剑仍然有一个先天的矛盾问题难以克服，那就是硬度与韧性的取舍，钢铁中所含的碳素，经过淬火（急冷）后，来不及扩散转移，被强制地限制在铁原子的晶格之间，造成了原子晶格的畸变，破坏了平衡状态下碳的分布，当碳含量达到一定水平时，就会产生了一种硬而脆的组织，材料学中称之为马氏体组织。随着碳量的增多，脆性增大，影响刀剑挥砍时的耐冲击度，若要保持钢材的韧性，就得牺牲它的硬度，如此一来，刀口将不够锋利，甚至会在劈到硬物后翻卷，这种硬度与韧性的不可兼得的特性，是古今中外所有刀匠都需要面对的最大难题。

维氏硬度机

>>> 匕首能成为现代战争中士兵标配武器的原因是什么

自然和历史的规则都是优胜劣汰，在高科技迅猛发展的条件下，叱咤战场近2000年的刀枪剑戟等冷兵器都已经逐渐退出了历史的舞台，被威力更强大的枪炮、导弹所替代，但有一样冷兵器却被保留下来，那就是匕首。

匕首，其形状和剑相似，但尺寸要小很多，没有固定大小，长度在20厘米左右，可随身携带，而且锋利无比，具有击、刺、挑、剪、带等多种功能，是近身肉搏的有效武器。最早的匕首可以追溯到几十万年前的原始社会，那时人们把坚硬的长形石块一端磨锋利，用来捕猎或攻击敌人。据记载，到了4000多年前的尧舜时期，已经有了明确的匕首，商朝时便已经有了青铜匕首，后逐渐被铁匕首所替代。

新石器时代的匕首

古代军队中士兵虽多配备长矛、长剑，但有些部队也会配发匕首，比如说斥候在打探消息或者因执行特殊任务而无法携带刀剑等较大武器时，匕首就成了最好的选择。后来随着枪械的出现，刀剑、长矛等冷兵器都已经退出了历史的舞台，而其貌不扬的匕首却顽强地保留下来，到现在更是成了军队中每一名士兵的标配。

匕首能成为士兵标配武器不外乎以下 3 个原因。

▶ 侦察兵在摸哨或抓活口时，为了不打草惊蛇，只能使用匕首，可杀敌于无声。而且在突袭作战时，匕首可轻易割开敌人外围的铁丝网，这是枪械等其他武器无法做到的。

▶ 匕首是士兵在野外必不可少的装备。在野外行军时，匕首可用来披荆斩棘，在丛林中开辟道路，或者宰割猎物，而在搭帐篷时，也能用匕首砍割树木将其固定。而且在野外，蛇虫猛兽横行，在不能开枪的情况下，匕首就成了主要的防身武器。

▶ 在子弹打光的情况下，匕首成了士兵近身搏斗的最后武器。虽然在现代战争中，白刃战发生的概率已经越来越小，但这并不代表白刃战不会发生。英国媒体近来有一则新闻，称英国一支特种部队被 50 多名恐怖分子包围，在经过 4 个多小时的激烈搏斗后，英军虽成功击杀 20 多名恐怖分子，但也打完了所有的子弹，为了不被活捉屈辱地死去，这支特种部队装好了刺刀，拔出短刀，向恐怖分子发起了最后的冲锋，最终解决了 32 名恐怖分子，并吓退了其他人。这支英国特种部队的成员则全部活了下来。

士兵使用战术匕首进行日常训练

现在各国军队都对匕首进行了改进，不仅增加了用途，威力也增加了不少，匕首枪就是一个很好的例子。匕首枪即枪和匕首完美地融合在了一起，既可以当作匕首使用，也能发射子弹，使匕首再也不只是一件冷兵器。而且它携带方便，实战性比较强，对士兵来说有着无可替代的作用，成为单兵作战不可或缺的装备。

现代战场上，匕首已成为士兵的标配

韩国士兵进行拼刺训练

如何正确选择野外求生刀

　　野外求生刀是士兵在野外生存过程中最核心的求生工具，一把好的求生刀可以在紧要关头发挥出关键的作用，所以选择一把好的野外生存刀是至关重要的。

按照环境选择

　　什么样的生存环境就要选择好什么样的生存装备，在不同的环境条件下选择不同的求生刀也是一个值得探讨的问题。根据环境可选择带有挂钩、T形、绑腿、刀身不宜过长的生存刀，还可以选择一些开山刀、弯刀、多功能刀，以便完成一些树枝的砍伐、动物的屠宰等任务。但是，因为刀具在荒漠中作用有限，如果携带的刀具过多过重，反而会成为负重累赘。

按照功能选择

　▶　　一般刀具可分为直刀、爪刀、小型的弯刀等，直刀可以在野外生存求生当中做标记、近距离防身、宰杀动物、割伐植物等。如在河流探险最好选择带有绑腿的刀具，需攀登山地时可以选择伞兵刀。

巴克 184 求生刀及其牛皮刀鞘

▶ 多功能的刀具可以说能够适用于各种野外求生的环境，因为其功能比较全，便于携带，目前，比较知名的 "FOX 狐狸军刀"是适合野外作战携带，其安全性高，战斗力也比较强。多功能的野外求生刀必须具备的功能就是砍、锯以及挂钩、侧刀等功能，去野外执行任务时可以选择一把多功能的军刀，不仅小巧而且方便携带。

野外求生刀具有很锋利的刀刃

美国独狼 40031COMBO 求生刀

▶ 开山刀顾名思义就是用于开路以及抵御大型野外动物攻击的军用刀具。其主要适用于山林、灌木丛等地方，不适用于登山、沙漠、河流等地。在选择一款开山刀时要选择头重脚轻的刀具，这样在砍伐时能够提高工作效率。

士兵进行野外作战部署

日本刀经历了哪些发展历程

日本刀全称为"平面碎段复体暗光花纹刃"，依据形状、尺寸可分为太刀、打刀、胁差、短刀等。广义上还包括长卷、刀、剑、枪等。这些刀自古以来作为武器的同时还以其优美的造型而著称于世，很多名刀被当作美术品收藏，并寓含着武士之魂的象征意义。与其他国家的刀类不同，日本刀最大的一项特点就是在外形装饰之外，刀体本身还能展现出一种艺术美。在日本，制刀人被称作"刀工""刀匠"或"刀锻冶"。

保存在博物馆中的日本刀

日本刀在本土的刀体形制上受到两次较大的影响，分别是来自中国的汉朝时期和隋唐时期。其刀本身的造型和锻造方法也发生一些变化，在通过和朝鲜半岛的交流并派遣遣隋使以及遣唐使与中国互通往来的过程中，日本刀的锻造技术也综合了很多中国元素，发展出其独特的刀型。

最早成型的日本刀，根据目前的考古界说法是来自平安时期的刀工天国。其作品也就是著名的太刀"小乌丸"，而自此之后，经过镰仓、南北朝、室町、安土桃山以及江户初期、中期、幕末的发展，日本刀的形制逐渐成为目前所见的样式。而刀身的长度也在安土桃山时期和江户时期基本成型。而根据战争形态和使用方式的发展和改变，日本刀的形制也逐渐发生了演变。从平安后期到镰仓时代，日本出现了大和传、备前传、山城国、相州传、美浓传等并称为"天下五传"的制刀流派，并且各地名匠辈出，尤其以备前国的长船町最盛。

日本刀在制法上集合了多种相当高的技术，总体来说需要经过刀工制刃、淬火、打磨之后，由刀工配白木柄鞘用来保存刀刃以作待售之用，而刀柄、鞘、镡等刀装为另一行当，由专门的金工（锷工）装饰，且各有名师。日本历史上的刀工各有派系，还有的是幕府、大名的专属工匠。

日本刀及其相关配件

日本刀断面图

一般日本刀的刀柄与刀刃的比例是 1∶4，刀柄双手持握，劈杀有力，其弯曲程度控制在"物打"（又称"物内"），即锋尖下 16.7 毫米处，砍劈时此处能发挥出的力量最大，符合力学原理。刀背称"栋"或"脊"，用以抵挡攻击。

>>>> 防暴叉的主要作用是什么

防暴叉又被称为警用约束叉、多功能抓捕器等，是用于抓捕手持利器的歹徒、醉汉，以及患有传染病、精神病等危险人员的非致命性近距离作战武器。防暴叉最初在 20 世纪 90 年代时被日本的教育系统普遍配备，后来也被其他国家的教育、执法等单位广泛采用。

防暴叉由伸缩杆与叉头组成，没有锐利棱角。杆身彻底收起时，总长约 1 米，便于持有人携带。杆身完全伸展后，总长约 2 米。利用半月形或 U 形的叉头，持有者既可保持与危险人员的距离，保证自身的安全，又能有效制服对方，且可避免对对方造成人身伤害，可以说是一种应急防暴利器，可广泛配备给公安、武警、司法、城管、保安等各类执法、执勤人员。

不同类型的防暴叉

防暴叉通常采用高强度优质钢材制造，具有材质强度高、抗冲击力强、抗折弯力强、坚固耐用的特点。它能抵御 5 人以内的推力而不弯折变形，防护能力较强。除了警用外，防暴叉也适合学校的安全保卫人员使用。

如今，防暴叉在国内外众多厂家的推陈出新下，虽然功能更趋实用，种类也越来越多。但是，防暴叉的主要用途和作用原理并没有发生太大的变化。

Part 02

构 造 篇

　　冷兵器的构造一般较火器简单，可通过人力和机械的力量来操作。冷兵器最初是由木、石、骨等原始材料制成。随着科技的发展，铜、铁等金属逐渐成为冷兵器的主要制作原料。

⟫⟫⟫ 传统弓箭的制作材料有哪些

春秋战国时期的《考工记》中专有"弓人为弓"一篇,对制弓技术作了详细的说明。在此后的 2000 年内,中国甚至亚洲的弓箭制造技术都没有发生根本性的变化。《考工记》对于弓的材料采择、加工的方法、部件的性能及其组合,都有较详细的要求和规定,对工艺上应防止的弊病,也进行了分析。《考工记》中认为制弓以干、角、筋、胶、丝、漆,合称"六材"最为重要。

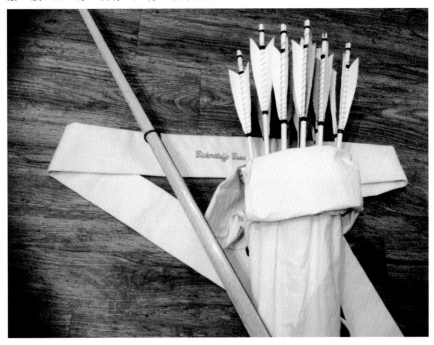

长弓所用的箭矢

六材之干

"干",包括多种木材和竹材,多层叠合的木材和竹材是用以制作弓臂的主要材料。干材的性能,对弓的性能起着决定性的作用。《考工记》中注明:干材以柘木为上,次有檿木、柞树等,竹为下。这些木头的材质坚实无比,任凭推拉也不会轻易折断,不仅发箭射程远而且杀伤力大。南方弓与北方弓在材质上明显不同,南方多用竹子为干,而北方,特别是东北一带尤其以硬实木为主。

六材之角

"角"，即动物角，将其制成薄片状，贴于弓臂的内侧（腹部）。据《考工记》记载，制弓主要用牛角，以本白、中青、未丰之角为佳；"角长二尺有五寸（近50厘米），三色不失理，谓之牛戴牛"，这是最佳的角材（一只角的价格就相当于一头牛，即牛的头上顶着的不是牛角，而是两头"牛"）。

六材之筋

"筋"，即动物的肌腱，贴于弓臂的外侧（背部）。筋和角的作用都是增强弓臂的弹力，使箭射出时更加劲疾，中物更加深入。据《考工记》记载，牛筋是最常用的"六材"，选筋要小者成条而长，大者圆匀润泽。

六材之胶

"胶"，即动物胶，用以黏合干材和角筋。《考工记》中推荐鹿胶、马胶、牛胶、鼠胶、鱼胶、犀胶6种胶。胶的制备方法"一般是把兽皮和其他动物组织放在水里滚煮，或加少量石灰碱，然后过滤、蒸浓而成。据后世制弓术的经验，以黄鱼鳔制得的鱼胶最为优良。

六材之丝

"丝"，即丝线，将缚角被筋的弓管用丝线紧密缠绕，使之更为牢固。据《考工记》记载，择丝须色泽光鲜，如在水中一般。

六材之漆

"漆"，即将制好的弓臂涂上漆，以防霜露湿气的侵蚀。一般每十天上漆一遍，直到能够起到保护弓臂的作用。

现代箭（上）与仿中世纪箭（下）

制造弓的材料多为木质

>>> 形制相似的鞭和锏如何分辨

在我国古代冷兵器中，鞭和锏的外形极其相似，都是采用铜、铁等金属制造，且威力都非常大。鞭和锏属于"十八般兵器"中的短兵类，是为了对付重甲而出现的破甲利器，故此类兵器是我国历代兵器中出现较晚的形制。

鞭和锏有不少共同点，两者的长度都和剑差不多，都有柄和锷（护手），且都以劈、砸为主要攻击方式。但是，鞭和锏作为两种不同的冷兵器，在起源、节数、造型、杀伤力和打击方法等方面均不相同。

（1）起源。鞭和锏是我国独有的打击兵器，欧洲各国所使用的破甲武器都是锤类，而非鞭锏这般剑形武器。鞭的起源较早，早在春秋战国时期，就已经盛行。而锏的出现时间则较晚，它是由鞭演化而来的。最初，锏是指车轴上用以减少轴与毂之间摩擦的铁条。唐朝时期，锏成为单独的一类兵器。

博物馆中保存的宋朝大臣李纲的铁锏

（2）节数。鞭是分节的，每一节之间的横棱边杀伤力都很大，一般多为十三节，比锏稍长。锏则不分节，锏体断面呈方形，有槽，故有"凹面锏"之称。锏的长短，可因人而异（一般为 65 ～ 80 厘米）。

（3）造型。鞭是在金属棍的表面加上一些疙瘩，这些疙瘩被称为"节"。鞭的顶端有一个小尖头，用以加重。所以鞭看起来就像一座细长的宝塔。而锏是把圆形铁棍变成了多边形，成为有棱的棍子。

（4）杀伤力。鞭和锏都是破重甲的武器，即使隔着盔甲也能将人活活砸死。鞭沉重而无刃，以力伤人，故持鞭者必须力气很大，用于攻敌的部位是鞭体上的疙瘩。鞭更适合在马上作战，威力较大，很多善于用鞭的人，也同样擅长用锏。锏也很重，非力大之人不能运用自如，故杀伤力十分可观，用于攻敌的部位是锏体上的竖棱边，常见的是八条长棱铁锏。锏更适合步战，攻守兼备，也可在马上作战时当暗器使用。

鞭

（5）打击方法。鞭的常用方法有劈、扫、扎、抽、划、架、拉、截、摔、刺、撩等。《水浒传》中的呼延灼就是一位用鞭的高手。锏的常用方法有击、枭、刺、点、拦、格、劈、架、截、吹、扫、撩、盖、滚、压等。古代小说中，善使双锏的武将，知名度最高的莫过于秦琼。

锏

同为长兵器的槊和枪有什么区别

　　槊和枪的外形相似，但在"十八般武器"中，槊和枪从未因相像而被划为同一类武器，可见槊和枪本质上是完全不同的两种武器。

马槊

　　虽然槊和枪都是以硬木作为主材料，加上铁制武器组装而成，但在细节上，两者是大不相同的。具体来说，槊和枪在外形上主要有以下三点不同。

　　（1）从长度上来看，槊比枪要长得多。在远距离的骑兵作战中，要想保证足够的攻击范围，就需要武器具有足够的长度。如果槊的长度太短，让敌人有可乘之机来到马下，那么骑兵落败的可能性就会大大增加。而槊由槊锋与槊杆两部分组成，槊锋的锋刃长约 50 ～ 60 厘米，大大超过了枪刃的长度。而枪由枪刃、枪杆、枪缨和枪纂构成，每个部分都各有用处，其中最为突出的特点是枪的枪刃短而锋利，这是为了保证使用者能够精准地发挥最大威力攻击对手。正是因为枪刃足够短小，所以在刺向对手时，士兵才能将所有力量都放在枪锋上，给敌人造成巨大伤害。

（2）槊的杆身不仅比枪更长，而且更粗、更硬，这是由槊的使用技法所决定的。一般情况下，骑兵在战争中使用槊的时候，最常用到的技法是劈、盖、截、拦，它既能在敌人来袭时进行防守，阻挡敌人的进攻，又能在较远的距离给敌人致命一击，出其不意。然而，这些技法都要求武器本身具备一定的硬度，因为这些技法动作施力较大，如果武器本身不够坚硬，就容易出现因用力过猛而被折断的情况，影响作战效能。甚至，为了获得更强的攻击力，有的时候也会用铁代替硬木制作槊杆。

与槊不同，枪在战场上经常被用于投掷杀敌，类似于箭的作用，所以枪要轻巧便捷，制造枪杆时往往会选用材质较轻的木材，并减轻枪头的重量。如果枪身太重的话，使用者无力掷出，枪也就失去了攻击的作用。

红缨枪

（3）槊与枪的头部不同。槊的头部既小又钝，但是锋刃上面有明显的破甲棱，上好的马槊锋刃如同宝剑一般，有 8 个面，威力无穷，能够迅速地卸下敌人的铠甲。无论是普通的鱼鳞甲，还是稍好的明光甲或者锁子甲，在槊的面前都不堪一击。而枪则以尖头利刃闻名，枪的头部较长，而且锋利无比。这是由于枪主要用于劈砍和刺杀，枪头越长，越方便劈砍；枪头越尖，刺杀时威力越大。此外，槊在制造时通常会打造一个"留情结"，这个名字听上去似乎温情脉脉，实则凶残无比。因为"留情结"可以让骑兵在使用马槊贯穿敌人时，依然可以自如地拔出武器，防止因为拔不出槊而延误下一波攻击。如此看来，"留情结"不但不"留情"，还很"无情"。

由此可见，尽管槊和枪在外形上有着诸多相似之处，但实际上两者并不相同，如果留心观察的话，要分辨两者并非难事。

现代戏剧表演使用的枪

长枪前端为何要挂红缨

在我国的评书、小说中，提到两军对垒的场面时，经常会见到这样的描述："当前一员小将，白盔白甲白旗号，胯下白龙马，手使点钢亮银枪，朱缨飘洒，百步威风。"三言两语便将一名骁勇善战、俊美无俦的武将形象展现在读者眼前。有人会产生这样的疑问："朱缨飘洒"里的朱缨是什么？盔甲、旗号、坐骑都是白色的，长枪是银色的，为什么只有这个朱缨是红色的？

现代制造的红缨枪

事实上，在长枪的前端，木质结构与金属结构的衔接处，都会挂着红缨或者白缨，而红缨更加常见，所以现代人常常称其为红缨枪。那么枪头为什么要挂上红缨呢？难道仅仅只是为了好看吗？当然不是，枪头挂上红缨还有下述几种作用。

（1）迷惑敌人。两军交战时，战场环境非常混乱，将领在马上厮杀，此时专注力就显得尤为重要。红缨色彩鲜艳，干扰性很强，长枪挥舞时，红缨也会随之飘动，它可以扰乱敌人的视线，使敌人找不准枪头的位置，从而可以出其不意地击杀敌人。

（2）阻止血液的喷发。使用长枪击杀敌人之后，需要将刺入敌人体内的枪头向外拔出，此时如果没有红缨的阻挡，血液很有可能会溅得到处都是，不仅场面太血腥，也会脏污盔甲，所以红缨的作用就是阻止血液的喷溅。此外，就算血液不会喷射，也会顺着枪头流到枪杆上，让持枪人无法紧握枪杆，有了红缨的存在就可以阻挡血液的流动。

（3）稳固枪头。长枪的枪头和枪杆是分开制造的，在连接的时候要增加摩擦力，使两者连接更紧密，红缨在枪头和枪杆的连接处就可起到这样的作用，它能减少连接处的缝隙，让枪头不易脱落。

（4）鼓舞士气。这个作用是无形的，但也十分重要。两军交战时士气很重要，一鼓作气，再而衰，三而竭，所以经验丰富的将领会用很多办法来鼓舞士气，红缨颜色鲜艳，士兵看到红色会不自觉地兴奋起来，这样就可以激发士气，使军队一鼓作气击败敌军。

（5）隐藏暗器。由于红缨对枪头及枪头附近具有遮蔽效果，有些将领喜欢在枪头下面、红缨遮住的地方加装铁钩作为"暗器"，以提高武器的杀伤力。有资料记载，汉朝名将霍去病就善于使用这种暗器，很多不明就里的敌人因此成了霍去病的枪下亡魂。

►►►► 剑的结构标准是怎样的

剑是一种尖顶且双面开锋的冷兵器，是一种可以用来刺击和砍杀的武器。但欧洲仅用于受封仪式的慈悲剑或用于斩首的斩首剑（没有戳刺的需要）则是无剑尖的剑，而单锋剑则是只有单面开锋的剑。

一把剑通常由"剑身"和"剑柄"两部分组成。剑身包括前段、中段、后段，前段为首。中段分为身、脊、纵；后段分为末、锋、尖。剑柄分为剑颚、护手、茎环、茎。剑首分为环、后鼻。后鼻可以系"剑穗"。"剑鞘"分为鞘口、护环、剑鞘、剑镖四个部分，可以套在剑身上，有保护剑身和方便携带的作用。剑在收纳时通常有制作精美的"剑衣"来保护存放。

剑身

持剑者一般有 3 种攻击动作：砍、割和刺。剑刃有单刃和双刃之分（西洋剑），还包括后来的剑尖双刃的单刃直型佩剑。

现代仿制的意大利双手剑

不同的剑有不同的剑术，简单来说，长剑或是剑的中后部可用来割或直击，而短剑或剑锋用来反手攻击。有的剑可通过手的位置进行长剑和短剑的转变。剑刃上的血槽可以减轻重量但不降低强度和硬度，与工字铁的原理相似。剑总是越向剑锋越细，锋利的尖端可用来刺。

剑柄

剑柄是与剑刃连在一起可让人操纵剑的部分，包括把手、剑尾圆头和护手，护手可以是一字形、十字形（西洋剑）或是半圆形（佩剑）。剑尾圆头只在西洋剑中出现，用以增强其平衡性，中式剑中只有一个带环的钝头，可用来系剑穗。

剑柄特写

剑鞘

剑鞘主要用来保护剑刃。在人类历史的长河中，剑鞘曾用皮革、木材以及铜铁等金属材料制作。剑刃入鞘的地方叫作鞘口，这一部分比剑鞘本体要宽，多呈方盒状，上面有个小环或是圆扣便于携带。皮革剑鞘在保护剑端的部分通常使用金属或金属环包裹，以免剑鞘被穿通。

越王勾践剑

>>>> 冷兵器时代盛行的锁子甲是如何制作的

锁子甲是一种在铁兵器时代出现的铠甲，有时简称为"锁甲"。十字军东征时，相对普通乡民组成的军步兵而言，人数稀少的贵族骑士们几乎都会披挂锁子甲。

锁子甲是由许多铁锁片拴紧而成的一种铠甲，一般为上身铠甲，上能护肩臂，下能护膝。铁索片的大小和硬币差不多，把诸多铁锁片密集拴紧在一起的锁子甲，对冷兵器有很强的防护能力。

锁子甲的最大优点是相对于皮甲，其防护性更强，且透气性好，而且比板甲更轻便灵活。欧洲锁子甲的重量不过 15 千克，还可按需要与其他铠甲并用，以增加防护范围和强度。其缺点是制作昂贵，保养困难，因为铁环容易生锈，所以忌水，潮湿的环境也容易使其生锈，甚至断裂。用打击武器猛劈力砸，即使穿着锁子甲也一样难以幸免。

上半身的锁子甲　　　　　　　　　　　　锁子甲局部特写

　　锁子甲的制作工艺相当复杂烦琐，以 12 世纪的铠甲作坊为例，首先，需要量体裁衣，毕竟铠甲其实就是金属制的服装，特别是软甲类；一个熟练的铠甲师傅，首先必须是一个好裁缝。由于对铠甲的大量需要，基本上一件铠甲必须在一个星期内完工，因此铠甲必须由好几个师傅分工制造：锁链甲是由直径在 2 毫米左右的铁丝，加热后锻打扭曲成直径 1 厘米左右的圆环，并且敲打成宽 3 毫米左右的扁环，在环的两端穿出直径 1 毫米左右的小眼（一般为一眼，也有两眼，三眼的很少见），互相套住之后，用 1 毫米直径的铆钉连接起来。铁环环环相扣，为了便于穿着及活动，还需要在关键部位搭配更小的铁圈。

　　制作铠甲是非常辛苦的工作，一个铠甲师傅一天内能完成 10 ～ 20 厘米见方的一块"铁布"就已经很了不起了。在锻造出按制衣方法画出的裁剪图上规定的形状尺寸的铁布后，再由大师傅精心地用铁环连接每一部分；为了活动方便，铠甲一般会比设计的略大一点点。然后在领口、袖口等地方包上皮革，以防止剐伤衣服和皮肤，一件铠甲就完工了；在 11 世纪、12 世纪时，一名骑士的全套装备价值相当于一个小型农场；铠甲师傅在中世纪的农奴制度中，也是能够和牧师平起平坐的上等平民，会受到同样的尊敬。

身穿锁子甲的士兵雕像　现代仿制的锁子甲

➤➤➤ 刀剑等冷兵器是怎么开锋的

开锋，顾名思义，就是使刀剑更加锋利。刀剑锻打成形之后需要经过一系列工艺比如沾火（热处理）等，将钢的结构调整为适当形态之后才能锻打成形。但是出炉的刀剑还需要刀匠将刃部打薄、打平、打直，最后给刀剑开锋作为刀剑完工的最后一道工艺。

美国 M1913 骑兵军刀

短刀刀刃特写

现在刀具的开锋有三种比较常用的方法。

（1）大 V 打磨，常见于斩骨刀和大规模机械生产的刀具，这种方式省工省料，不容易卷刃，但是切割能力不强。这种开锋形式的横截面是一个角度比较大的 V 字，某平台大量出售的低价刀具基本就是这种。

锋利的美国冷钢 16CCB 大刀

哨格 SV68 战术折刀刀刃特写

（2）深 V 打磨。这种方式虽然切割能力很强，切口平整，但是切割坚硬的东西容易卷刃，需要经常护理刃口。这种方式的截面是一个小角度 V 字，因此打磨费事。

（3）凿式打磨。从截面看，一边是角度较大的大 V，一边是角度较小的深 V，常用右手持刀就将左边打磨成深 V，常用左手持刀就将右边打磨成深 V，这种开锋方法简单省事，可视个人习惯而定。其优点是维护方便，后续使用中，要恢复锋利度方便，劈砍效率高 (特别是砍树)。

还有一些特殊的开锋方式，比如凹式打磨和凸式打磨。顾名思义，从截面看是两边为向内凹进的曲线和向外凸出的曲线，凹式打磨相当锋利，但是耐用度会降低，凸式打磨综合性能不错，就是技术要求比较高，现在有些厂商开始采用这种打磨方法。

刀剑上的血槽设计有什么作用

血槽又称凹槽，指位于剑脊或刀面，与刀背平行的一个或多个凹槽。

一般人的理解，刀上的血槽是为了放血而留，即由于刀剑刺入人体或猎物体内后，拔刀时会由于血液的黏度和张力在刀的接触面产生负压，或因为肌肉收缩而夹住刀刃，形成一种真空状态，使刀不易拔出来，开有血槽则血便会从此流出体外，可以让外部空气进入，从而打破此种真空状态，减少负压的产生，便于拔刀。

然而现实是从未有证据显示真空状态会发生，许多猎人及屠夫表示，无论使用有或无血槽的刀子，在拔出动物身体时，其难易程度并无差别。由此看来，不管有没有血槽，只要刺得进，就拔得出。因为血槽不具有让血流出来的功能，所以现在美国已将其改名为凹槽。

带有血槽的军用刺刀

既然血槽没有打破真空状态的作用，也有人猜测血槽只是纯粹装饰用。不过这还需要看刀子的体积，如果刀长在 24 厘米以下，那么血槽可能只是装饰用，如果超过 24 厘米，那么血槽则是不可或缺的强化机制。一般说来，血槽的功用主要有以下 3 点。

• 增加刀身强度

在刀身上打上血槽使刀子不仅拥有一个刀脊，而且从纵切面来看，血槽还会形成有如铁轨般的工字形结构，此构造对 24 厘米以上的刀剑而言是非常重要的强化结构。

• 减轻刀身重量

在早期使用锤打制刀时代，于刀面上打上血槽可减少制刀所需要的材料，因为打上血槽后刀面便会变宽，与没血槽的形式相比可以节省更多的材料，并减轻刀身重量。现代的制刀技术是从钢板上挖除部分材料以制成血槽，此举虽未能减少材料，但减轻重量的功能相同。一把经适当热处理且有血槽的长刀剑，比没有血槽者的重量轻 20% ~ 35%。

刀身血槽特写

- 保持刀锋锋利

如果是成对的刀与鞘，鞘的内壁会设计一（或多）条突出的线，以与刀身上的凹槽相合，并将刀身悬固起来，防止拔刀收刀时，刀锋摩擦刀鞘内壁而导致刀刃损坏。

带有血槽的格斗刀

环首刀上的刀环有什么作用

环首刀是由钢材经过反复折叠锻打和淬火后制作出来的直刃长刀，是冷兵器时代世界上最先进、杀伤力最强的近身冷兵器，也是人类历史上具有非凡意义的一种兵器。

　　环首刀最早起源于我国商周时期。相传春秋战国时期，铸剑大师欧冶子拉开了中国制造冷兵器的序幕。各个诸侯国的君主为了扩张领土，逐渐扩大了对冷兵器的需求。为了适应军事作战的需求，春秋战国时期陆续开始制造铁质的兵器。

　　环首刀作为一种冷兵器，经常被用于军事作战中。为了增强持刀者与刀柄的摩擦力，铸剑者在环首刀上设计了刀环。力的作用是相互的，持刀者手拿环首刀劈砍对方时，会使手腕和虎口产生反作用力。在这种情况下，持刀者很有可能使刀剑脱手从而造成不必要的伤亡。

博物馆中的唐代铁质环首刀

　　为了避免这一问题的发生，铸剑者在刀剑上设计出了刀环。环首上大多用丝线和绸缎布匹缠绕。等到士兵上阵作战之前，他们也会将环首缠在手腕部，即使刀剑脱手，由于手腕处和环首刀相连，士兵们也不会失去手中的兵刃。

　　除此之外，环首刀的刀环还有保护持刀人安全的作用。刀柄下方用棉麻丝线加以缠绕，如此一来，既能保护持刀人的安全，又能增加手和刀柄的摩擦力，这样在打斗时，更有利于持刀者紧握刀柄，进而强有力地攻击敌人。环首刀诞生之后，被广泛用于作战中。正因为环首刀具有诸多优点，所以才深受后世的推崇。

保存在博物馆中的青铜环首刀

经过修复的环首刀

长兵器的柄一般是金属制的还是木制的

冷兵器时代，长武器的柄一般是木制的，虽然也有金属制的，但由于金属柄弊端太多，因此后者比较少见。

用木柄的好处有很多，轻便、弹性好，受到重击时对力的传导性差，对使用者有一定的保护作用。但也有着明显的缺点，就是没有金属材质坚固耐用，这就需要在选材及制作的过程中，用专业技术来弥补。

欧洲长矛兵使用长兵器作战

在选用木柄材料的时候选用的多为韧性、弹性较好的硬木，比如柘、柞、桑、枣等木材。其对材料的要求很苛刻，首先要直，其次要达到一定的年份，然后才能进行加工，即"积竹木"古法。

简易的木柄长矛

　　采用这种加工方法，第一步是将初选合格的柄材，浸泡在桐油里 1 年，待其阴干后，看其上没有裂纹，才可以进入下一步。第二步是将削得极薄的竹篾浸泡柔软，包裹在柄材的外面，用生漆粘牢，阴干后，再缠上细麻绳，涂生漆，阴干后再缠再涂，直到其粗度合用为止。一根合格的长武器柄材，其制作周期常常要用 2 ～ 3 年，非常耗时，且成本非常高。

木柄大刀

这种柄材，术语叫"积竹柄"，相比金属材质，要轻便许多，虽为木制，但其坚韧程度却不亚于金属，利刃加之，声如金铁。积竹柄也很耐用，经冬历暑也不会损坏，能够适用于各种气候条件下的战场。

这种"积竹柄"，加上大号的枪尖，就是槊或矛，加上刀头就是长刀，加上普通的枪尖，就是长枪。因为积竹柄造价昂贵，只有那些实力强大的朝代，才有可能成建制地为军队装备这种高档武器，而在一般情况下，只能装备部队武将。

还有一种比较常用的木柄是白蜡木。这种柄材通体洁白如玉，卖相极好，木质弯曲180度而不会折断，弹性极佳，经过处理后，可以用作长柄武器的柄材。用这种柄材制作的枪，其弹性极佳，可以在极短时间内大幅度改变刺杀的角度，对敌人的迷惑性很强，因此又被称作"花枪"。

有的资料上记载，说白蜡木过软，不适合做枪柄。这种说法有一定道理。使用花枪，本身就需要极高的技巧，只有那些武艺高强的将军才能够驾驭，普通士兵是不可能具有这样的技能的，当然也就不可能成建制装备军队。所以普通士兵的长柄武器，都是用硬木制成的，不需要复杂的加工工艺。

古代长兵器示意图

最后一种是金属制的柄。金属柄材的坚韧度好，传导性也好。但这种柄材也有个缺点，就是太重，非力大者不能使用，因此历史记载的很少。

▶▶▶ 欧洲最强冷兵器——弩炮，是如何制造的

随着甲胄的发展和工事筑垒的出现，单兵弓弩的作用被相应地削弱了，它们无法穿透附有青铜的盾牌，当然更不可能摧毁砖石堆砌的掩体。虽然人们曾尝试过制造巨大的弓弩，但依靠弩臂弹性形变所产生的发射力量已接近极限，无法赋予箭石或弹丸更大的威力。狄俄尼索斯的工匠们发明的弩炮首次采用了力学研究的最新成果——扭力弹簧，即利用两束张紧的马鬃、皮绳或动物肌腱产生的扭力作为动力，驱动弩臂带动弓弦抛射弹丸或箭石。

弩炮侧后方视角

希腊人设计的弩炮带有坚固的支架，主梁置于支架之上，其前端两侧装有两具扭力弹簧组，每个弹簧组可以带动一只弩臂，弩臂末端连接弓弦，弓弦正中是容纳

抛射物的编制网袋。横梁上侧带着燕尾长槽，一个带长导轨的滑块可以沿着长槽前后滑动，滑块的后端装着一套精巧的击发装置。可以方便地锁定和释放弓弦，横梁的末端装有绞盘，使用者可以通过扳动手柄，或者拖曳绳索和移动滑块进行操作。当弓弦向后拉开并被击发装置锁定时，武器就会处在待发状态。为了让操作绞盘不至于太费力，在横梁两侧还设置有金属齿条，既能让开弓的工作不必一气呵成，又能调节武器的抛射力量，从而获得需要的射程。为了赋予弩炮灵活的方向和仰角，工匠们还为弩炮设计了可以自由转动的基座。

现代制造的弩炮

弩炮出现以前，在希腊从事工程技术的人员地位卑微，不受重视。在奥林匹斯山上的众神衹中，唯有代表手工艺和工程技术的火神赫淮斯托斯被描绘成一个丑陋肮脏的瘸子。即便是菲狄阿斯这样的著名雕刻家，在完成培拉卫城工程后，人们甚至不允许他在浮雕上刻下自己的肖像。但弩炮的发明立刻展示出工程技术的无限潜力，于是制造弩炮等攻防装备的工匠和专家开始被给予优厚的礼遇，甚至在政治斗争中，具有弩炮制造技术的专业人士也可免遭迫害和刑罚。因为炮兵的出现，原来的步兵队列中的并列平等关系被彻底打破，继而影响到社会关系的变革。许多西方学者相信，弩炮的出现对古罗马共和制的瓦解产生了不可忽视的推动作用。由此可见，一种武器可以改变社会的格局。

保存至今的弩炮

弩炮各角度特写

廓尔喀弯刀为何闻名世界

　　在有记载的战争历史当中，廓尔喀弯刀第一次被世人所熟知，是 1814 年驻守印度的英军士兵在尼泊尔西部与廓尔喀士兵的战斗中被使用。廓尔喀刀不仅是尼泊尔的国刀，而且是廓尔喀士兵的荣誉象征。战争时期每把廓尔喀刀的刀背上都刻有廓尔喀士兵的名字，一直伴随他们到退役。

廓尔喀刀特写

　　廓尔喀刀是一种反曲刀，刀肚较宽，刀身向前弯曲，像一条狗腿，因此也被人们形象地称为"狗腿刀"，它的反曲刀刃可以弥补其不能刺杀的不足，产生的是令人难以置信的强大杀伤力。其在刀身与刀柄的连接处有一个 V 形凹槽，实战中用来导流鲜血，以免玷污刀柄，传统的廓尔喀刀有木柄、牛角柄、牛骨柄、铜柄、铝柄等。刀身通常采用汽车弹簧钢打造。这种钢的优点是韧性好，容易打磨，缺点是硬度低。刀鞘为生牛皮包木鞘，同时配有两把辅刀，一把开刃的用来切割，一把没开刃的用来磨刀。

廓尔喀刀

　　不同的用途会有不同的长度和刀型，按长度大小大致可分为装饰工艺刀、生活用刀和祭祀刀。在日常生活和战斗中每个廓尔喀士兵都会将其佩带在腰间。在他们眼里，它既是一把杀敌利器，也是户外求生的必备工具。事实上，在他们看来，人刀已经合二为一，刀俨然是他们手臂的延伸。

廓尔喀刀及其真皮刀鞘

　　当枪械不能发射或者子弹打光时，廓尔喀人就会拔出廓尔喀刀，以无与伦比的勇气与敌人作殊死斗争，这种斗争精神为廓尔喀刀增添了一种传奇色彩。

　　廓尔喀刀不仅是一种出色的防身武器，而且是尼泊尔山民常用的一种多功能刀。它是每个尼泊尔家庭不可缺少的东西，特别是那些位于尼泊尔中部和东部的部落民族。正因为如此，廓尔喀刀才会成为尼泊尔文化的象征。

手持状态下的廓尔喀刀

如何锻造乌兹钢刀剑

　　乌兹钢的原产地是古印度，可分为铸造型和焊接型两种，以铸造型最为经典和贵重。西方学者莫里斯·隆巴哈认为，印度人在公元1世纪左右就已经生产乌兹钢了。但限于当时冶炼铁矿的条件，尚不能建设巨型竖炉，只能建立有一人身高左右的高度，上面有开口的馒头型圆炉。圆炉用泥土和石块垒成，在炉子的旁边有用来鼓风的几个羊皮囊。冶炼时将印度原产或非洲东海岸柏柏尔人控制区出产的优质磁铁矿和木炭、竹炭层层叠加置入炉里，点火后用皮囊鼓风持续加热。由于炉温最高只有

1000℃左右，铁矿石只能被冶炼成间杂着各种杂质的熟铁块。这是第一道工序，然后利用一种特殊的坩埚才能将熟铁冶炼成为钢材。

通体采用乌兹钢的刀具

由乌兹钢制造的刀剑雏形

锻造乌兹钢刀剑的主要燃料是木炭，较好的木炭由松木烧制而成。因为木炭不含硫，所以冶炼时不会影响钢铁的成分，但缺点是燃烧温度较低。乌兹钢圆饼的大小、重量各不相同，所以制造短刀剑时需要一块或半块圆饼，锻造长刀剑时则一般需要两块圆饼。锻造时将圆饼放入长方形的木炭炉中，加热到合适的温度，然后用大铁锤奋力锻打，可使其中的杂质随着碳组分被挤出，将钢材的组织进一步致密化。钢铁冷却后，再加热、锻打，大约需要数十次锤炼，直到圆饼变成所需刀剑的大致形状。最后对刀剑进行淬火和研磨。

有资料显示，1825 年间，驻叙利亚北部地区总领事巴克先生在《兵器制造、研磨及武器出售手记》中曾记述了大马士革地区刀剑的淬火和研磨过程。

乌兹钢刀剑的锻造过程

巴克在当地买到了两把乌兹钢刀剑，但是由于刀身上有些地方已经锈蚀，所以巴克雇来当地刀匠对刀剑重新研磨。借这一机会，西方人有幸目睹了乌兹钢刀剑淬火和研磨的全过程：根据刀匠的要求，淬火工作在太阳升起前开始，以避免阳光影响对刀剑加热后辐射火色的观察。刀剑淬火前的加热全凭刀匠的经验掌控，等刀剑的辐射火色变成草莓般鲜红色时迅速将其抽出，然后将其放入一个充满淬火溶液的木槽内。淬火溶液是由芝麻油、绵羊油、纯腊和沥青等混合而成的，近似于现代工业使用的淬火油（乌兹钢含碳量较高，用水淬火可能会导致断裂）。刀剑在淬火溶液中冷却数十秒之后抽出，在未完全冷却的炭火上快速擦过，以去除残余的油脂，同时刀剑得以回火。接着就是研磨工作，先用石灰和草灰水去除刀身上的油迹，再用一块木头蘸着油和钢石粉末不断地研磨刀剑，用赤铁矿粉将刀剑精细抛光，然后用一种弱酸性溶液涂抹刀剑，在弱酸的清洗下，乌兹钢独有的花纹就会清晰地呈现出来，最后将刀剑擦拭干净、上油即可。

乌兹钢的刀尖特写

▶▶▶ 常见的制刀钢材有哪些

一般刀具所使用的钢材有下述 5 种。

● 铬钢

铬钢是指含铬的合金钢，这种钢材质地坚硬，耐磨，耐腐蚀，不生锈，具有较高的抗氧化性和耐蚀性。为了适应不同的使用环境，常加入其他元素，如钼、钒、钨、钛、铌、硼等。

- 锰钢

锰钢是一种高强度的钢材，主要用于需要承受冲击、挤压、物料磨损等恶劣的环境条件下，破坏形式以磨损消耗为主，致其部分断裂、变形。高锰钢是典型的抗磨钢，铸态组织为奥氏体加碳化物。经1000℃左右水淬处理后组织转变为单一的奥氏体或奥氏体加少量碳化物，韧性反而会提高，因此称水韧处理。

- 碳钢

碳钢是含碳量在0.0218%~2.11%的铁碳合金。也叫碳素钢。一般还含有少量的硅、锰、硫、磷。这种碳钢含碳量越高则硬度越大，强度也就越高，但其可塑性较低。

由碳钢材料制成的刀具

由碳钢材料制成的刀具

按钢的质量可以把碳素钢分为普通碳素钢（含磷、硫较高）、优质碳素钢（含磷、硫较低）、高级优质钢（含磷、硫更低）和特级优质钢。按含碳量可以把碳钢分为低碳钢（WC ≤ 0.25%），中碳钢（WC0.25% ~ 0.6%）和高碳钢（WC>0.6%）。按脱氧方法可分为沸腾钢（F）、镇静钢（Z）、半镇静钢（b）和特殊镇静钢（TZ）。

从电弧炉中倒出来的白热钢

- 弹簧钢

弹簧钢指的是制造各类弹簧及其他弹性元件的专用合金钢。按性能要求、使用条件可分为普通合金弹簧钢和特殊合金弹簧钢。弹簧钢具有优良的综合性能、优良的冶金质量（高的纯洁度和均匀性）、良好的表面质量（严格控制表面缺陷和脱碳）、精确的外形和尺寸，因此通常被用作户外刀的制造材料。

- 花纹钢

花纹钢是用来制作宝刀、宝剑一类名贵器物的带有花纹的钢。花纹钢是最原始形态的复合钢，是通过半熔化方式，利用叠打、热锻或热轧、冷轧及加工成形工艺，控制材料内部密度与结合处的含碳量，达到钢材内部不同大小颗粒结晶体的熔合。由于内部密度、碳含量的不同，实现的化学性能和机械性能的不同，从而形成有内部性能差异性的复合式结构。

花纹钢的花纹形态有的如流水，有的似彩云，有的似菊花，有的似木纹等。欧洲人说的"大马士革钢"、俄国人说的"布拉特钢"，以及古时由波斯传入中国的镔铁都属于花纹钢。

英国的一家炼钢厂

▶▶▶ 伸缩棍有哪些种类

伸缩棍是一种可以自由伸缩的便携式短棍，根据结构上的差别大致可以分为4种类型。

20世纪西方警察使用的警棍

钢卡式

伸缩棍展开时依靠节与节重合部位之间的摩擦力锁定，因此重合部分接合要良好，以确保伸缩棍在戳刺物体或受到震动时不会轻易解锁。在伸缩棍的尾部，尾帽和手柄之间有一个钢卡，由一个圆形底托和两个簧片组成。在收缩状态下，钢卡的两个簧片会撑在最细一节的内壁，使棍节不会自己滑出。钢卡式的优点在于可以通过调整钢卡簧片外张的角度来改变伸缩棍甩出时的阻力；二是钢卡可以很方便地进行更换。

磁吸式

磁吸式与钢卡式的区别是把后边的钢卡换成了磁铁，磁吸式伸缩棍有 3 个缺点：①尾帽占据了相当大的长度，与钢卡式相比，在收缩长度相同的情况下，磁吸式的伸展长度更短，也就是说，磁吸式伸缩棍的无效长度较大；②磁吸式伸缩棍所用的磁铁磁性较强，会对手机、手表、磁卡等物品产生不利影响。③现在市面上基本没有磁吸棍配件出售了，如果收棍的时候把磁吸石撞碎了，就无法方便地携带。

机械闭锁式

前两种伸缩棍都属于摩擦闭锁式，打开时依靠摩擦力锁定。而机械闭锁式伸缩棍则是依靠连接部分的卡簧来完成伸展状态下的闭锁。收棍时按住尾部的按钮即可轻松收回。优点是：①锁定牢固，伸展状态下可以承受很大的垂直作用力而不会缩回；②收棍方便快捷。缺点是：①由于打开后连接部分并不像摩擦闭锁式伸缩棍那样紧密接触，所以节与节之间会有轻微的晃动；②结构复杂，易坏难修。

美国冷钢 91STA 直柄城市手杖

现代警察使用的伸缩警棍

　　依据其他不同的标准，伸缩棍还可以分为很多种，比如根据材质的不同可以分为钢制伸缩棍、铝合金伸缩棍、尼龙伸缩棍；根据手柄处理方式的不同可以分为胶柄伸缩棍、全钢压花伸缩棍；根据节数的不同可以分为两节、三节、四节伸缩棍，等等。

伸缩警棍的手持状态

▶▶▶ 口袋折刀的刀锁类型有哪些

口袋折刀是世界上应用最广泛和普及率最高的刀具之一。根据研究表明，这种刀具已经有 1600 多年的历史了。不过，虽然在很多人看来，口袋折刀的刀片、处理材料、设计、品牌、人体工程学等属性都很重要，但口袋折刀的真正核心是锁定机制。

背锁

背锁（也被称为后锁、脊锁或中锁）由非锁定接头衍生而来。这种锁的锁杆固定在刀片上，旋转点在中间，手柄后方有个弯曲的弹簧，在枢轴点后面提供向上的压力，按压锁杆则在前面。在闭锁位置，锁定杆位于柄脚底部的一个斜坡上，该斜坡为锁的开启提供了一个止动装置。

当刀片打开时，锁杆的前方部分及其正方形的突出部位，就会落入与刀片柄脚顶部匹配的正方形切口中，将其锁定。柄脚上的切口与锁杆的形状匹配，意味着必须将锁杆从凹口中抬起才能释放刀片。因此，弹簧杆在杆从枢转点后面顶住弹簧张开刀的压力前，会一直处于闭锁状态。

带有可拆式背锁的现代折刀

衬垫锁

衬垫锁可能是现代折叠刀最常见的刀锁形式——因其便于使用、便于装配。其基本设计原理是使用刀片的衬垫，利用裁剪并弯曲来产生弹簧效果，打开刀片后使其背面接合。现代衬垫锁由定制刀匠迈克尔·沃克进行了两种重要的改进，即增加固定销和止动棘。

折刀的内衬锁

框架锁

框架锁是衬垫锁后最常见的折叠刀锁定形式。它于 1990 年首次使用，后来又多次改进。其理念和衬垫锁类似，但更强更简单。在有锁的一侧相对较厚，形成整个手柄。脊柱的轴线上有一个切口，可以减轻内部压力。当刀片打开时，锁杆就会向内弹出，顶住刀刃的后部将刀片锁住，止动球与刀片底部的孔啮合，以保持其闭合状态，并为紧张的开口提供张力。安装在枢轴上方和前方的止动销可以在打开时确定刀片的最终位置，并减少对锁杆的磨损。

折刀的框架锁

压缩锁

压缩锁被认为是改进的倒置型衬垫锁。使用压缩锁，刀片会沿着刀脊弹出，收回时手也不会直接作用在刀刃上。

轴锁

轴锁采用了比较独特的设计方式，即钢条穿过手柄和衬里上的槽，两个"Ω"形弹簧在杆的两侧提供相同的张力，止动销定位刀片以提高其可靠性。

折刀的轴锁

按钮锁

按钮锁（或插锁）是自动刀常用的开合方法。刀片完全打开时，柱塞（按钮锁的圆形内部部件）与刀片柄脚上的切口啮合。

环锁

环锁的操作十分简单，只需要扭转套环直到切槽与刀片对齐即可。

>>>> **颈刀具有哪些特征**

颈刀作为贴身刀，具有在狭窄空间出刀迅速的优点，因此通常被认为是士兵的最后一道防线。颈刀的设计初衷是减少刀鞘的遗失，但这并不是它最大的优点。它最大的特点在于虽然紧凑小巧，却能轻松满足携带者的各种需求。

冷钢 39FK 双指颈刀与刀鞘

　　颈刀是一种通过穿绳而悬挂在颈部的小巧的刀具。可以采用天然的或是合成材料制成的绳子，野外多采用伞绳或皮质材料。甚至可见珠串和球链做的绳子，例如军用挂牌链子那样的材料。

"狸尾宽刃"迷你颈刀

　　选用的鞘材一定要适合刀具，一些制造商倾向于使用磁性的合成护套而不是皮革，这样在保证紧紧锁定的同时又可以快速地插拔和使用，非常方便。

带有指环的颈刀

　　颈刀通常是单刃的，使用时一手握鞘，另一手将刀拔出，顺着臂膀的力道就可以进行有效的攻击，可以说实用性极强。

美国沃特·布兰登 M2 颈刀

沃特·布兰登 M2 颈刀是现代颈刀的典型代表之一。该刀是由美国沃特·布兰登刀具公司设计生产的一款颈刀，采用 DLC 黑色镀膜刀刃，手柄为镂空设计，有效地减轻了整体重量。DLC（Diamond-like carbon）是一种由碳元素构成，在性质上和钻石类似，同时又具有石墨原子组成结构的物质。它硬度高、弹性模量高、摩擦因数低，并且耐磨损，很适合作为刀具的耐磨涂层。

安大略刀常用的钢材有哪些

安大略作为世界上最知名的军刀供应商，其制作的刀具素来秉持着硬朗实用的风格。刀具的高品质跟材质密切相关，其常用的钢材有下述 6 种。

- 1095 高碳钢

在刀具行业中，1095 是被应用最为广泛的钢材之一。对刀具行业来说，1095 是一种很"标准"的碳钢，性能良好而且成本低廉，具有适当的坚韧度和打磨度。含碳量达到 0.95% ～ 1.03%。经热处理后，硬度可达 HRc57 ～ 60，韧性十分优良，但缺点是不耐锈。

采用 1095 高碳钢制作的安大略 499 空军求生刀

- 440 系列钢材

440 系列钢材的含碳量和硬度由 A-B-C 逐次增加。440A 不锈钢淬火硬化性能优良、硬度高，较 440B 钢和 440C 钢的韧性更高。440A 钢材能够很好地满足军用需求，尤其是经过优质热处理的 440A 钢材。

- 420 钢材

420 钢材含碳量低于 0.35，经过热处理后硬度能够达到 52-55HRC，但是耐损性能并不是很好。因为比较容易打磨，所以适宜用作大量生产的厂家制造刀具。420钢材因为含碳量极低，因此耐锈性极强，所以是生产潜水刀的理想钢材。

- 5160 钢材

5160 是一种运用非常普遍的高端钢材，其主要是由一种简单的弹簧钢加入铬来增强硬度，具有很好的打磨度。但其更广为人知的是坚韧性，因此通常被用于制造剑类和使用强度大的刀具。

- 14C28N

14C28N 不锈钢由瑞典的山特维克生产，添加的氮气可以真正地让刀片被磨成非常锋利的边缘，具有很好的保留性能。添加的铬成分，让刀片更容易被锐化，耐腐蚀性能也比较强，是狩猎和切割肉食的优良刀片。

- D2 工具钢

D2 工具钢也被称为"半不锈钢"，其含铬量较高，但未到不锈钢的程度。它比上述钢材的抗锈性能都好，也有很优秀的打磨度，但其坚韧度不如碳钢，也不能达到完美的表面处理度。经过热处理后，硬度能够达到 60HRC，因此被广泛用于砍伐刀或猎刀的制作。

安大略求生刀与刀鞘

采用 1095 高碳钢制作的安大略 M3 战术短刀

▶▶▶▶ 瑞士军刀的结构类型有哪些

一把普通的瑞士军刀，一般都配备有主刀、小刀、铰剪、开瓶器、木锯、小改锥、拔木塞钻、牙签、小镊子等工具。而一些工具上还被赋予了多种功用，如开瓶器就具有开瓶、平口改锥、电线剥皮槽三种功用。随着时代的发展，一些新兴的电子功能也被引入瑞士军刀中，如内藏激光、手电筒等。

瑞士军刀在应用设计上已发生了巨大的变化。首先其刀柄长度一般都有 3 种规格，小号刀在组合功能上适合女性、少年，中号刀因为其适中的长度，既可以作为常用工具带到野外旅行，也可以用作家居生活及工作当中。而大号刀一般采用手握型刀柄，手感舒适，是野外旅行、爬山探险的好助手，除了在尺寸设计上的区别外，瑞士军刀针对不同用途组合了上百种型号。

在各种各样的军刀中"旗舰"是有 31 种功能的"瑞士冠军"军刀。这种刀的所有工具连同工具箱总重量不超过 95 克，因而它便于携带。"瑞士冠军"军刀是瑞士军刀的经典代表，被纽约现代艺术博物馆、慕尼黑应用艺术博物馆按"世界设计经典"收藏。今日瑞士军刀种类相当繁多，里面所搭配的工具组合也多有创新，现如今瑞士军队仍配发瑞士军刀。

功能齐全的瑞士军刀

　　瑞士军刀自问世以来，其功能也在不断改进，其刀身上又增加了木锯和剪刀等工具。之后不久，大螺丝刀上又添加了一个瓶盖起子，罐头起子上添加了小螺丝刀。而后，刀身上又添加了指甲锉、牙签、镊子及带金属锉的金属锯、带吐钩器和标尺的除鳞器、十字螺丝刀、钥匙圈和放大镜。

小巧精美的瑞士军刀

瑞士军刀局部特写

展览中的"瑞士冠军"军刀

侦察兵配备的匕首，有哪些特殊的用途

军人使用的匕首，大致上有两类，一种是侦察兵使用的侦察匕首，一种是伞兵使用的伞兵刀，两种武器在用途上有各自的侧重点。

侦察兵的任务是潜入敌后或者敌人的前沿，找出敌人的方位、探寻敌人的动向。而知道敌军动向最好的方法，就是抓个俘虏带回去问话。所以，侦察兵会装备诸如微声冲锋枪之类的武器装备，目的就是悄无声息地进行突袭。而能做到完全无声偷袭的，非匕首等冷兵器莫属。

美国侦察兵正在讲解任务计划

就侦察匕首来说，无疑是侦察兵在敌后刺探情报、进行特种作战所依赖的主要兵器，孤军深入要求行踪尽量悄无声息，使用枪械会产生噪音，同时也会增加暴露自己的巨大风险，因此侦察匕首这种冷兵器是一击制敌最好不过的单兵武器。既然

是用于战斗，劈砍、切割这种功能对于匕首来说，绝对不是杀敌的最佳方式，要有效快速杀敌还得依靠刺杀功能，所以刺杀是侦察匕首最突出的功能。

随着时代的发展，侦察匕首的功能也正在突破过去的局限。比如，有的国家研制了可以发射子弹的侦察匕首，将手枪的功能集成在匕首上，在危急时刻，使用者可以直接按下刀上的机关，射出子弹击毙敌人。另一种发明是弹射匕首，相对匕首枪来说，这种武器相对要冷门一些。其实其核心理念和匕首枪是一样的，那就是增加发射的功能。只不过，匕首枪发射的是子弹，而弹射匕首发射的是刀刃。

侦察兵正在进行侦察工作

匕首枪威力大，而且刀身坚固，发射完毕后不影响刀的使用。但发射时声音太大，会暴露自己。而弹射匕首采用弹簧作为动力，发射时几乎没有任何声响，但是威力要差一些，而且刀身不牢固，发射后剩个刀柄，从而失去了实用价值。

侦察兵常用的侦察匕首

带有指环设计的军用匕首

>>>> 蛙人部队常用的潜水刀有什么特殊用途

　　潜水刀是蛙人在执行训练和作战任务过程中携带的防卫武器。可以刺杀水下凶猛动物，能砍断 50 毫米左右的木棒，能迅速割断网绳的缠绕，用手柄尾部可以捶击贝壳类海生物。在水底被牵绊的概率虽然很小，但还是有可能发生，因此潜水时应该携带切割工具。

美国蜘蛛 C89SYL 潜水刀

　　一般潜水员会选择潜水刀或是有刀刃的潜水工具。大致而言，这些工具的用途很广泛，可以用来撬动或测量物体。为了抵抗海水腐蚀，除用不锈钢作为材质外，也有用钛金属作为材质的。

可折叠的潜水刀

潜水刀的样式、尺寸和材质相当多样化。种类从外形尺寸类似猎刀的大型潜水刀，一直到刀外形像短剑般轻巧、可以放在前臂或肩膀上的小型潜水刀，应有尽有。潜水刀与其他用途的刀具最主要的差别在于材质、握柄的设计和刀鞘。

士兵在水下执行任务

潜水刀由刀鞘、刀把、刀刃、刀尖和锯齿构成，主要用于清除水下绞缠物、防止水生物袭击和消灭敌人等。这种刀由两部分组成，即刀体和刀鞘。刀体采用特种不锈钢材料制作。刀鞘采用枪械改性尼龙塑料制作。并附捆扎带以便蛙人进行水下作业。

蛙人两人小组进行潜水训练

Part 03

性 能 篇

　　冷兵器的功能基本上都是以近战杀伤为主。在冷兵器时代，兵器只有量的提高，没有质的突变。火器时代开始后，冷兵器已不是作战的主要兵器，但由于它的特殊作用以及在各国、各地区的发展进程不同，所以一直被沿用至今。

>>> 被誉为"百兵之王"的长枪为何又被称为"百兵之贼"

　　号称"百兵之王"的长枪，自古以来一直是冷兵器中人气较高的一种。提起长枪，人们自然而然会想到那些威风凛凛、魅力无穷的武将。例如在我国家喻户晓的长篇小说《三国演义》中，最有名的长枪使用者，莫过于蜀国五虎上将中的赵云。在演义故事中，赵云身骑一匹玉兰白龙驹，穿戴一身银盔银链甲，手持一杆龙胆亮银枪，单骑突入敌阵杀得敌军人仰马翻，甚至还七进七出救下少主阿斗，留下"子龙一身都是胆""赵子龙单骑救主"的千古美名。

　　虽然罗贯中笔下的赵云近乎完美，但无论是真实历史，还是演义小说，其他使用长枪的英雄豪杰，其实并不比赵云逊色。例如南梁历史上的白袍名将陈庆之，有"名师大将莫自牢，千军万马避白袍"的美名；《隋唐演义》中的常胜将军罗成，人送外号"冷面寒枪俏罗成"；五代十国时期后梁的重要将领王彦章骁勇善战，拥有强大臂力，他作战时以铁枪为武器攻击敌方，而其他人则无法举起他的铁枪，军中称他为"王铁枪"；而传说中的杨家将，不仅有杨家枪法出现在各种艺术作品里，更一直是"忠君报国"的象征。

　　有趣的是，虽然这些人物使用的都是长枪，但他们给人的印象并不完全相同。杨家将走的是战阵杀伐、大开大合的路子——"不动如山，动如雷震"；而罗成最著名的一战，却是用一记灵活多变的回马枪，刺死靠山王杨林——"反身一举，枪出如龙"。

　　刚猛与灵动，本就是两种互相矛盾的属性，但长枪却超乎常理地兼顾了两种自相矛盾的属性，这就不得不提到长枪在"百兵之王"外的另一个名号——"百兵之贼"。

　　"百兵之王"的来由并不难理解。从地位上讲，在中国传统冷兵器中，长枪一直是军队制式兵器的一种，除了类似镖局的特殊行业，普通人很难接触到，隐隐有尊贵身份。从实用性上讲，明末清初武术家吴殳的话"枪乃诸器之王，以诸器遇枪立败也"，道出了长枪能够成为"百兵之王"的理由——长枪的攻击距离具有天然的优势，它能在使用其他兵器的对手近身之前，将其捅个对穿。

　　简而言之，长枪"百兵之王"的名头，产生于其刚烈勇猛的进攻威力，以及"一寸长一寸强"带来的远超其他武器的攻击距离。那么，"百兵之贼"又从何说起呢？其实，这是因为长枪舞动起来灵活迅速、神出鬼没，有端、缠、崩、挑、扎、舞花等多种使用方式,让对手防不胜防。正因为威猛和灵活属性相结合所带来的刚柔并济,让长枪在成为"王"的同时,又被称为"贼"。

▶▶▶ 冷兵器中的刀具生锈了该怎么办

刀具防锈从古到今一直都是需要费力去做的事。一般来说,在刀具不常用的时候往往会涂上一层刀油,然后妥善放在干燥的地方。其原理是通过涂上刀油来隔绝空气,保证刀刃不和空气中的水分产生氧化反应。而刀油一般使用矿物类油,这样不会腐蚀刀刃。最常见的就是石蜡油。为了调节石蜡油的黏稠度,让附着力更好一些,可在石蜡油中加入凡士林来增加石蜡油的黏性。上刀油的方法一般是倒一点点刀油在棉布或者纸巾上,然后均匀地涂在刀身上。

正在进行保养工作的刀

生锈的刀具

　　经常使用的刀具应尽量放在干燥处并勤加擦拭，比如日本武士们每天会定期擦拭自己的刀，上油、打粉，以保证在气候比较潮湿的岛国不生锈。如果是不锈钢刀，就不需要过于频繁地擦拭刀身上积攒的水汽了。

技术人员正在擦拭刀具

　　除了刀刃以外，刀鞘大多也需要保养。刀鞘的材质种类较多，有皮鞘、K鞘、木鞘、战术尼龙鞘等。一般来说，K鞘和战术尼龙鞘这类现代材质的刀鞘不需要保养，但这类现代材料的刀鞘也只适合短刀使用，对于长刀来说，K鞘对刀身有磨损，尼龙刀鞘对于长刀长剑来说又太软。皮刀鞘韧性强、抗压、抗折，但对于皮刀鞘来说，干燥气候容易开裂，而潮湿的气候容易受潮霉变，所以皮刀鞘也需要上油。

经过保养后的刀具

　　对于木鞘来说，干燥的气候容易导致木鞘变形开裂缩水。一般来说密度较大的木料不易变形，比如黑檀、酸枝。但是一样会有些细微的缩水，所以一样要给木鞘上油。而木鞘需要上的油跟皮鞘和刀身又不同。木头一般上植物油，而核桃油或者橄榄油是最好的选择。

刀剑的锋利度是由什么决定的

　　刀剑的锋利程度其实和钢材的关系并不大，比如说硬度很低的不锈钢，经过特殊处理后也可以制作出很锋利的刀，只是在劈砍硬物的时候更容易磨损。

　　刀剑的锋利程度主要取决于刀刃的形状。刀刃形状包括轮廓和刃角等，以下是13种常见刀具的刃口形状。

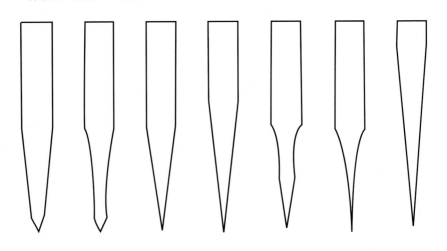

从左到右依次是（1）（2）（3）（4）（5）（6）（7）

　　1号是绝大多数生产厂家采用的一种刀具开刃形式。采用这种开刃形式刀体强度高，方便研磨，对研磨技术要求较低，但要非常锋利却不容易。常见的厨用刀具就是这种开刃形式，另外也有不少匕首类刀具采用这种方法。

　　2号采用凹磨技术，也可以说是1号的变形。采用这种开刃形式刀体内凹，刀刃轻薄，可以获得很高的锋利度，不过当刀刃被加厚以后，其锋利性会相应下降。许多折刀都采用这种刃口形制，刀友在网上展现锋利性的大多是这类刀具。

　　3、4号多见于手工刀，比如日本武士刀。这种类型刀刃角度很小，刃面导向性好，因此可以研磨得极其锋利，远非1、2号可比，尤其在砍劈时的侵彻度非常高，但缺点是刀体的强度会因为极小的开刃角度而降低，容易造成缺口或卷刃。不过这种刀刃如果不是高强度工作，即使在磨损之后也能够保持较高的锋利性。但是这种刀刃有一个严重缺点，那就是磨损卷刃后的重新研磨非常费时费力。

5号是3、4号的变形，仅仅由内弧形刀身演变成整体式血槽。由于血槽的存在，其刃面大大变窄，导向性因此变差，因此研磨难度稍大，锋利性有所下降，但修磨的工作量也会大大减少。

6号刀刃很少见，主要的例子就是老式剃须刀，在一些西洋古刀剑上也有发现。这种刀刃在自行研磨后很难保持原貌，往往会转变成5号刀刃。这种刀刃从刀腹到刃部都极其轻薄，而且刃角很小，所以很容易研磨，而且锋利性远非其他刃口形状的刀具可比。

7号刀刃可以说整个刀身就是刀刃，因其极其锋利，所以多见于需要极其锋利的特殊用途刀具，不过也常常在菜刀上发现这种研磨方式（因刀而异，有些人在研磨时将菜刀完全平压于刀石上研磨就会形成这种刀刃）。这种刀刃极其锋利，主要得益于很低的刃磨角度和优异导向性的宽大刃面。

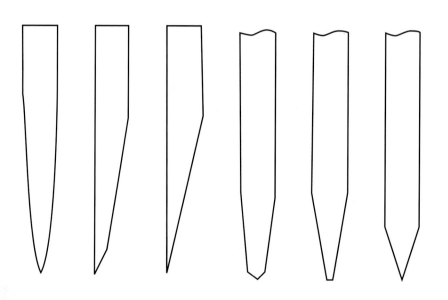

从左到右依次是（8）（9）（10）（11）（12）（13）

8号是弧形的，刀体强度较高，方便研磨，但锋利性不会很高。多见于大型藏刀。

9、10号刀面是偏锋，这种刀刃多见于刻刀、凿刀、剥皮刀、剪刀等特殊用途刀具。这种结构会大大地方便研磨，免除了反手研磨的麻烦。不过这种刀具受力时存在明显的偏斜现象，即刀刃向较平的一侧大幅偏移，故搏击类刀具很少采用。

11、12和13号多采用刀背的假刃研磨方式。这种刀刃的目的不是切割，而是在刺入的时候引导刀身，所以一般不追求刀刃的锋利。

以上 13 种常见刀刃，根据刀身和刃部弹性变形理论都可以很好地解释其形状和锋利性的关系，刃角越小，刀身越薄，锋利性也就越高。此外，刃面越宽越平直，导向性越好，且在刃磨时容易找到感觉，从而减小了角度误差，因此比较容易刃磨。

采用水滴形刀尖的战术折刀

美国冷钢 88T 武士刀

如何保持刀剑等冷兵器刀刃的锋利

　　锋利的刀刃可以顺利地切割，而保持锋利并不难，只要根据刀具所要求的磨刀角度，采用质量较好的磨刀器打磨即可。通常磨刀角度在 15 ～ 25 度，需注意不要从背面打磨带齿刀刃，最好用齿刃磨刀器。打磨时两面要打磨同样次数，并保持同样角度。

经过打磨后的刀具能拥有非常优秀的锋利度

　　使用打磨钢是一种很好的保养刀具的方法，经常使用可以保持刀刃锋利。有专家建议，应该在频繁使用刀具的时期经常打磨，至少在每次使用前后打磨一次。事实上，打磨钢并不是真的将刀刃磨利，而是校正和清理刀具的刃缘。

　　一根最基本的打磨钢是一根带柄的金属杆，上面分布着直条的细沟。而更好的打磨钢经过磁化处理，能吸引刀具的分子使之重新排列成一条直线。刀具和打磨钢摩擦后，可以得到矫正，并能够去掉一些细微的划痕。未经磁化的陶瓷打磨钢同样有此功效。而钻石打磨钢也正作为一种新的打磨工具在刀具界流行起来，其表面覆盖着一层单晶体钻石，它具有和传统打磨钢同样好的效果，而且比传统打磨钢更加耐用，更加轻便，打磨速度也更快。

士兵配备的战术折刀与战术手套

锋利的刀具能轻易对树木进行劈砍

使用打磨钢时，应将刀锋以 20 度角接触打磨钢的顶端，然后轻轻地将整个刀锋划过整条打磨钢至底部，就好像正用刀切下一片打磨钢。每次正、反面各进行一次交替打磨，使刀锋两面能被打磨均匀。利用一种简单方法可以判断是否已打磨好刀具：用拇指分别沿着刀锋两面轻轻摸过，如果两面的感觉是一样的，则说明刀具已经打磨好了。如果某一面摸上去比另一面略为粗糙，那么应轻轻地将这一面再次打磨，每打磨一次再对比，直到两面感觉一样为止。

▶▶▶ 冷兵器时代的刀剑对决，刀剑会容易卷刃吗

中国古代最早的炼钢工艺流程是先采用木炭作燃料，在炉中将铁矿石冶炼成海绵状的固体块，待炉子冷却后取出，这叫块炼铁。块炼铁含碳量低，质地软，杂质多，是人类早期炼得的熟铁。再用块炼铁作原料，在炭火中加热吸碳，提高含碳量，然后经过锻打，除掉杂质又渗进碳，从而得到钢。这种钢，叫块炼铁渗碳钢。

中国古代使用的刀

古代冷兵器，在中国隋唐乃至汉代，都对刃口进行了热处理，刃口硬度至少在洛氏 52 度以上，一般会达到 58 ～ 60 度，这个硬度是很高的，且容易崩口。在隋唐后，中国出现了大批刃口不进行热处理的夹钢刀具，但其硬度依然相当高。

但是古代技术毕竟有限，削铁如泥毕竟只是个例，况且用现在技术制造的刀剑互砍，都会崩口或者卷刃。在古代，军用刀剑的制造工艺可谓是当时的顶尖冶炼技术。据说，古代军队根据的刀剑制造可以选择合适的硬度和韧性，但是硬度高韧性差的

容易崩口，韧性高硬度差的容易卷刃。古代军队根据不同的作战需求对刀剑的选择也会不同，以尽量获得最大的杀伤效果，造成最小的损失。但是只是使用，就一定会有损伤。因此，刀剑相砍必然会造成崩口或者卷刃。

中国古代大刀

19 世纪法国海军军官用的军刀

现代军队使用的短刀

>>>>> 弓与弩相比，两者谁优谁劣

弓是古代冷兵器时代最为典型的一种远射兵器，它的具体发明年代已经难以准确考证，我国曾在考古中发现过 28 000 年前旧石器时代的燧石镞头。相传中华民族的始祖黄帝与蚩尤大战于涿鹿时，黄帝就是以弓矢取胜的。自商周以来，弓始终作为主要的射远兵器而备受重视。到了春秋战国时代，其制作工艺又有了较大的进步，质量也大为提高，因此各国都用它装备部队，大量使用于当时的战争之中，曾被列为兵器之首。

而弩最初出现于春秋时期，传说由楚琴氏发明。楚琴氏在战争中感到弓箭的威力还不够，便在弓上装臂，创造了第一把弩。中国在战国时就已广泛使用弩，据史

书记载公元前 342 年马陵之战中庞涓所率的大军就是中了孙膑的弩阵埋伏而全军覆没的。

传统长弓

弩与弓的根本区别在于弩具有延时机构，无须在射击时同时采用开弓与瞄准两个动作，而是可利用臂、足、腰、机械等多种方式先进行引弓，再从容瞄准，伺机发射。

弩与弓相比具有以下优点。

（1）弓的使用只能依靠臂力，这就制约了其射程，同时也对弓箭手的臂力提出了很高的要求，这对兵源的选拔产生了很大的限制，并且在战时即便优秀的弓箭手也难以做到持续不断地发箭；而弩则可以综合运用腿部、腰部力量进行装填，可大大提高发射时箭矢的动能，其作用距离更远、穿透能力更强。

（2）弓箭手需要长时间的训练才能达到一定的标准，这无疑会增加养兵的成本，也不利于快速形成战斗力；而弩是一个较为稳定的射击平台，开完弓后就无须强大的臂力支持，所以便于瞄准，命中率也更高。更为重要的是其使用学习简便，一般人稍作训练就可以投入战斗。

传统弩

备受特种兵青睐的奥地利拜因·施泰德"轻骑兵"弩

弩与弓相比也有其不足，主要是发射速度弱于弓，且比弓笨重，所以在古代的军队中，二者通常配合使用。它类似于现代战争中迫击炮、狙击步枪、机枪、步枪等一起构成的自远至近的全程杀伤火力。

现代三角复合弓

 长弓相比同时期的其他冷兵器具有什么优势

虽然十字弩在中世纪时期的欧洲大陆广为流行，但是长弓也被许多欧洲国家运用于战争中。在 14 ～ 15 世纪的英法百年战争中，长弓是英国弓箭手的主战武器。对比其他冷兵器，长弓具有以下 3 个优势。

教练正在指导使用者使用长弓

- 长弓与同时代其他远程武器相比射速更快

长弓在战场上胜过弩，主要凭的就是射速快。从火力密度上说，一名长弓手的作战效能起码抵得上 3 名弩手。合格的弓手 1 分钟可以精准瞄射 12 支箭，如果是乱箭齐发的时候，射速可以提高到 15 支，有的甚至能射出 20 支。这样的平均射速，即便到了 1866 年普奥战争中，后膛定装的德莱塞步枪也仅能达到其一半。传说中，罗宾汉射出 5 支箭时，和他比试的弩手弦还没拉上。200 米距离的冲锋，重装步兵大约需要 90 秒，而重骑兵只要 15 秒。对付这样的移动目标，缓慢而精准的射击显然已没有意义。关键是发射的密度，多射出一箭就多一分生与胜的希望。

- 长弓射程远、穿透力强

现代长弓发射的箭镞最大射程可达 360 米，但这缺乏实战意义，强弩之末没有什么杀伤力。长弓手只要能射中 200 米外的人形靶就算合格，这已是普通弓箭所不能企及的。在 1182 年的阿伯盖文尼城围攻战中，威尔士人发射的流矢穿透了 10 厘米厚的橡木门板。同一战中，布劳斯的威廉手下有个骑士被射中，其箭矢贯穿了他的锁子甲裙、护腿甲、大腿，又穿过内侧的护腿甲和木质马鞍，一直射入马背。

士兵使用长弓瞄准目标

长弓被拉开的状态

长弓及使用的箭矢

- 长弓手装备简单易得

长弓手的防具与同时代的骑士或重步兵相比是很简陋的，一般只有轻便的头盔和护胸。由于轻装，他们不仅成本低廉可以大量雇佣，而且可以在战场上灵活运用，能及时机动到有利的阵位上实施致命的发射。

冷兵器时代的欧洲远射武器究竟有多厉害

欧洲人历史上的远射武器并不比其他地区弱。投石索是人类历史上最古老的远程武器之一，其历史可追溯至公元前 1000 年。其结构通常就是一条中部带兜的绳索，加上几块大小适中的石头。就是如此简陋的武器，却能发挥出惊人的威力。通过圆周运动蓄能，利用绳索提高速度，使投石索发射的弹药能量远超直接投掷。

投石索活跃在整个古典时期的欧亚战场。在希腊人色诺芬的万人长征中，投石索发挥了重要作用。当希腊人被波斯箭雨压制得动弹不得的时候，以盛产投石手而出名的罗德岛人挺身而出。他们发射的铅弹射程，甚至超过了使用复合弓的波斯弓箭手，使这群希腊孤军不至于被波斯人团灭。经此一役，罗德岛投石手和克里特弓箭手成为希腊军中的"远程双杰"，从而在整个地中海声名鹊起。

投石索使用示意图

简易制作的投石索

　　除了罗德岛投石手，地中海上的巴利阿里群岛也盛产投石兵。他们也是当时各国竞相雇佣的远程攻击力量。罗马历史学家如此描述他们："父母将不会给予他们的孩子哪怕是一块面包，直到孩子用投石击中这块面包为止。"

　　在第三次希墨拉战役中，迦太基军队中的 1000 多名巴里阿里投石手大发神威，用密集的石弹打退了进攻迦太基营地的叙拉古希腊人，因为希腊军队的铠甲无法抵挡投石手投掷的石弹。

　　在罗马和帕提亚的战争中，就连装备了复合弓的帕提亚骑射手都屡屡被投石手所压制，而顶盔戴甲的重装骑兵在钝击伤害下也苦不堪言。正如《兵法简述》里写的：对付头戴盔胄，身披铠甲的战士，就常常用投石带或投射器投掷大石块。这些石块比任何箭矢重得多，尽管打下来只能伤及身体的某个部位，但却可以在不见大量出血的情况下置敌于死地。

重力抛石机结构示意图

　　到了中世纪，随着投石兵栖息地的环境恶化，投石索不再风光，成建制的投石部队逐渐淡出了人们的视野。但其中的长杆投石索却开始更多地出现在各类画作中。在一些南欧的山区，投石兵依然经常出现在战场上。

　　与投石索有异曲同工之妙的还有投石机。投石机是冷兵器时代最佳的远射利器。

位于法国的重力抛石机

　　投石机是古代的一种攻城武器，它可以把巨石投进敌方的城墙和城内，造成巨大破坏。投石机又称投石炮，可以投掷一个或多个物体，物体可以是巨石或火药弹丸，甚至是毒药和尸体，而这也可能是最早的生化武器。

战斧在冷兵器时代相比于刀剑有哪些优势

在战场上，常常需要劈开物品和打击敌人，因此刀具尾部一般都会做成适合敲击的尖端。但是有的时候，要敲开较大的物体时，刀具短短的尾锤就显得力不从心。因此，为满足战场的需要，人类又发明了战斧。

士兵使用战斧进行格斗训练

战斧根据使用方式的不同可分为短柄斧和长柄斧。战斧通常来说远比现在的砍斧要轻，即使是重战斧也比锤斧要轻很多。这是因为战斧的主要目标是敌方人员或坐骑的四肢而不是厚重的木石，因此传统的战斧有比较尖细的锋刃。这样可以给敌方人员造成大面积的伤口。作为短兵器，战斧可以更简单且更迅速地进入作战状态。

熟铁加碳钢的新月形欧洲战斧在罗马时代和后罗马时代就已经出现，并在之后悠久的历史长河中逐渐发展、完善。在世界很多遗迹中，都可以发现斧子作为兵器使用，已经非常普通。比如在美洲大陆上曾出现过的印第安斧。抛开那些重型斧头不讲，把战斧的杀伤力提升到更高层次的，应当就是古代的维京人。对于西方人来说，战斧是维京人的标志性武器。公元 8 世纪到 11 世纪是维京人的全盛时期，斯堪的纳维亚的步兵和海盗就把战斧作为标准配备兵器。

装备战斧的士兵

相较于同时期的其他武器而言，战斧有下述两个优势。

- 战斧制造和维护相较于刀剑成本更低
- 战斧由于相对较重能更好地对付金属护甲

在古代欧洲，骑士们更钟爱斧头。因为在混战的时候，长矛会因为自身的长度，无法展开使用。阔剑则因为容易磕坏，使用起来更容易受损。这时候，战斧这种造型看似粗笨的武器，就可以为骑士们劈开敌人的护盾。

战斧也有一个很大的缺点，这种武器更适合力量型的选手使用，而且不大利于在较长距离的时候保护自己。所以经常可以看到，步兵拿斧子的时候，都会给自己配备一个盾牌，或者一把刀剑，用来保护自己。

🔔 小知识：

用高科技武器武装到牙齿的美国陆军仍用印第安战斧装备部队。印第安战斧是北美印第安人的传统武器，早期的印第安战斧以石头为斧头刃，后来，欧洲殖民者带来了铁器，教会了印第安人打造铁器。从此以后，印第安战斧多为铁质。

美国哨格 TH1001-CP "飞鹰" 投掷战斧

>>>> **怎样才算一把合格的求生刀**

求生刀是用于野外环境以生存为主要目的的刀具，常使用于失去主要装备的紧急情况下。军方将求生刀发给飞行员，以应对飞机被击落后发生的各种危险。求生刀可以用作诱捕猎物、剥皮、木材切割、木雕等。一些求生刀具有厚重的刀刃，而另一些分量较轻或可折合的，可用作求生包的组件。有时候求生刀也可当作狩猎刀使用。诸如可以储备小物件的空心刀柄的功能在 1980 年后开始变得流行。

不同尺寸的求生刀

美国海军飞行员使用的求生刀

　　二战期间，各参战国飞行员都配有一把求生刀，因为这些队员确实有可能性被击落在野外或敌阵之中。军舰上的救生艇也常常配备附有刀的求生包。这些刀在不同的兵种、不同的国家有着各种不同的设计。当中大部分也是军方大批量购入的商业售卖刀。

　　部分军队也对枪械上的刺刀进行了重新设计，以包含一些求生刀的特点。从历史上来说，刺刀是一把功能不良的战场战斗刀，因为它的设计主要为了把步枪变成突刺武器，而不是一把战斗刀。新的款式更适合执行普遍的战斗任务，同时也适合附在枪管的前头。

　　求生刀是为了求生而设计的，例如设置陷阱、切割树枝、雕刻木头和将动物剥皮。大部分的求生刀也是直刀，刀刃长度由 10 厘米到 20 厘米不等，并配有加厚的刀柄。一些求生刀有空心的刀柄，可以用于储存小装备。一些求生刀在盖子上有一个指南针。空心刀柄求生刀的强度较低，在斩砍及破木时更容易被损毁。

采用大马士革钢制造的求生刀

　　有一些求生刀甚至可以辅助木棒进行敲打以破开木头。有锯齿状的求生刀刀脊，还在刀尖附有割绳器。对于完全平直、边沿呈 90 度的锋利刀脊，可以通过和铈铁杆撞击产生火花，用来生火。

如果刀尖有足够强度，那这把刀可用作防卫武器。一些刀柄带有小洞，可以用来把刀固定在长棒上，并当作矛使用，这个功能可以方便使用者在安全距离进行捕猎。

使用方式可由使用者偏好而定，刀柄的制作材料也会有所不同。刀柄可以由橡胶、木、骨（角）、铝、塑胶、甚至金属制成。

安大略 488 求生刀

>>> 一把好的求生刀需要具备什么特点

求生刀通常作为特种部队在野外使用的小刀，可以砍树枝开路，劈柴点火，制作生存工具。一把好的求生刀有下述 5 个特点。

碳钢材质

求生刀的材质最好是碳钢。因为碳钢与不锈钢对比，除了容易生锈外，几乎没有其他任何缺点。其实，不锈钢也不能百分之百防锈，只是生锈速度比碳钢慢而已。然而，不锈钢刀具的其他缺陷在野外往往是致命的：要么太软，要么太脆、容易断裂。相比之下，碳钢却有极其优秀的强度、硬度和韧性，切割能力更是出众，也非常容易重新打磨锋利。

美国戈博 LMF Ⅱ Infantry 生存刀

全龙骨结构

刀柄和刀身一体化的全龙骨结构，是对刀具强度的最佳保证。

水滴形刀尖

水滴形刀尖的优势在于容易打磨。此外，这种刀尖形制对切削或者钻孔等工作都十分便利。

开刃方式为平磨或凸磨

平磨的刀刃适合切削；凸磨的刀刃（刀身平面外凸）有着最佳的强度，劈砍时不易崩口。相比之下，凹磨的刀具强度就很低了，不适合作为求生刀使用。

瑞典福克尼文 A1 生存刀

现代制造的求生刀及其刀鞘

单边开刃，没有齿刃

首先，刀刃上带齿，非常不利于切削木头，而且用钝了很难重新打磨。其次，刀背上带齿，更锯不动木头，而且因为刀具厚度的关系，还会很容易伤到自己，也不利于用敲打刀背的方式劈木材。

瑞典福克尼文 F1 生存刀

被称为"北宅神刀"的"提尔皮茨"战术折刀有何特别之处

德国的索林根是众多刀剑名厂的集聚之地，自古以来就以生产各种军用和民用刀剑闻名国内、欧洲甚至全世界。众多厂家中有一家老字号名为"博克"。该公司创立于 1869 年，其产品和营销策略非常国际化。博克最有代表性的系列就是具有历史纪念意义的战术折刀，近年来还出品有"欧洲战斗机""豹 1""提尔皮茨"。其中，"提尔皮茨"价格最为昂贵。

"提尔皮茨"号战列舰

所谓"提尔皮茨"战术折刀，是由打捞出水的战列舰"提尔皮茨"（Tirpitz）号的装甲板作为原料，博克公司利用这些宝贵的原料，采用 300 层花纹钢（即大马士革钢）锻造技术，锻造出独特的"大金字塔"图案。由于战舰装甲的超强硬度和精细先进的加工工艺，该战术折刀的刀刃可以达到 HRC61 的高硬度。手柄由高强度的镁铝合金制成（与硅复合而成，比普通铝合金有更高的工艺标准），上面镶嵌有德国的胡桃木装饰，胡桃木上刻有"提尔皮茨"战列舰的舰徽。博克官方宣称该刀是"集历史、人文、现代技术于一体的绝无仅有之作"。

"提尔皮茨"战术折刀

半折叠状态下的"提尔皮茨"战术折刀

　　该刀具有深刻的历史背景，立意新颖，做工精致、外观美观，包装精美，对于收藏家而言是不二之选。但也有人认为，该武器刀身部分的材质、锻造、工艺无懈可击，但问题出在刀柄上，合金刀柄轻佻且过于现代，观感类似于塑料，胡桃木上的舰徽看上去更像是机械雕刻。总之，刀柄的设计和制作不仅不能反映出厚重的历史意蕴，而且与刀身也不能很好地匹配。

"提尔皮茨"战术折刀及其折叠状态

▶▶▶ 美国 M9 式刺刀被称为"世界经典军刀"的原因是什么

　　美军于 1961 年开始装备 M7 式刺刀。由于该刺刀只能作枪刺和匕首，功能较少，且刀颈部易锈蚀，所以被认为是世界上最差的刺刀之一，故在苏联、英国等国军队采用多用途刺刀之后，美军提出了装备新刺刀的要求。

　　1985 年 12 月美陆军部正式提出对新刺刀的战术技术要求。1986 年初，五角大楼提出招标后，有 3 家美国公司和 3 家外国公司参加竞争。经过对 6 家公司 55 把刺刀的野战试验，美国弗罗比斯公司的刺刀成功中选，被命名为 M9 式多用刺刀。此后在本宁堡美国步兵学校进行的步枪突击连刺刀突击科目训练中，又对 M7 式和 M9 式刺刀进行了广泛的对比试验。试验结果表明，在损坏率等方面，M9 式刺刀比 M7 式刺刀有明显的优越性。1986 年 10 月，美国陆军部批准了一项价值 1560 万美元的合同，用于购买 315 600 把 M9 式刺刀。1987 年 3 月，M9 式刺刀开始装备美陆军和少数特种部队。

装在 M4 卡宾枪上的 M9 式刺刀

M9 式刺刀及可拆卸式刀鞘

M9 式刺刀与刀鞘

　　该刺刀的刀柄为圆柱形，用美国杜邦公司生产的暗绿色 ST801 尼龙制造，表面有网状花纹，握持手感好。刺刀的横挡护手上有枪口环，刀柄尾部开有一小卡槽。其定位方法与 M7 式刺刀相同。M9 式刺刀的刀鞘也用 ST801 尼龙制作。刀鞘下端的镶件上有驻笋和刃口。刃口角度设计合理，硬度高。刀身上的长孔套到驻笋上时，刀身和刀鞘刃口处贴合紧密，用它可剪断铁丝网。刀鞘上装有一块磨刀石，并用织物制作的盖片加以保护。刀鞘末端还有螺丝刀刃口，可作改锥使用。

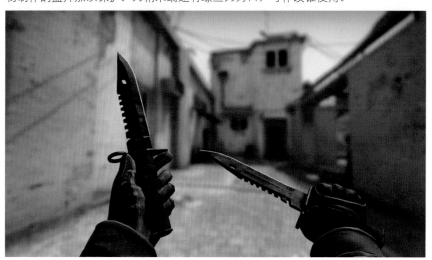

游戏画面中的 M9 式刺刀

M9 式刺刀自诞生之日起，因为在工艺、力学、人体工学和美学等众多方面均超过了苏联的同类产品，在那个年代做到了独树一帜，因此成了一代名刀，当时第一批生产出 315 600 把 M9 式刺刀，单价为 49.56 美元。此外，因为该刀的两面有刀锋，因此被当作陆军的步兵刀使用。

美国军队长期装备卡巴刀的原因是什么

卡巴刀出自卡巴刀厂，卡巴刀厂被称为"卡巴"是源于一位猎人的推荐信函。这位猎人在打猎的途中遇到了熊，子弹用尽的他只好拿起了他的猎刀与熊搏斗，因而保住了性命。他在信上写到这把刀可以杀熊（Kill a bear），但是因为这位猎人的受教育程度不高，将它写成 Kil a bar，后来又被人们缩写成 Ka-Bar（译为"卡巴"），因此"卡巴"这个名字便为大家所传诵。

卡巴刀侧面特写

二战爆发后不久，卡巴刀厂提交首批军刀给美国海军陆战队队员使用。军方于 3 年后，确认其军刀的可靠性能，并把该刀命名为"美国海军陆战格斗及多用途刀"，而其他武装部队也开始被建议采用此刀。

战争期间，卡巴刀厂生产了共超过 100 万把军刀。卡巴刀厂曾在供不应求的状态下，直接授权其他生产商生产其他型号的军刀给各军队使用，并在刀上印上其他生产商的名称，但出厂的每一把刀也被认为是名副其实的卡巴军刀。这是因为基于它的质量和耐用性，卡巴军刀已深受广大使用者的喜爱和信赖。

卡巴 1217 军刀及其刀鞘

美国卡巴 5601 求生刀

由于卡巴军刀的知名度于二战后大大提高，其后在多场战役中也被普遍采用。之后个别军队出于独特需求而再加以改进，令卡巴刀的其他型号在以后军队服务中有更出色的表现。除了出名的"美国海军陆战格斗及多用途刀"外，卡巴刀厂近代刀具还有其他探险者用刀、求生刀、户外活动用刀及收藏刀等。制作一把高质量的卡巴刀需要富有经验与天赋的手工技师进行数十道具有精确性、技巧性的工艺，使每一把刀都经过精心制造，以确保其耐腐蚀性、高强度以及边控能力。

卡巴刀都有刨削刀尖、宽血槽。握柄由纯牛皮压制而成，使其不吸水且具有相当程度的防滑性，做过防霉处理。握柄底端为一圆滑的铁环，除可避免钩到或划破衣服外，也常被当作铁锤使用。由于美军自二战至今一直装备这种军刀，因而其被誉为"战场上永远的铁血英雄"。

单手握持卡巴刀

现代军队采用的战术刀有什么使用要求

"战术刀"被广泛地用来描述各种各样的刀具类型，但这个术语实际上是指专为自卫和军事应用设计的刀具。战术刀的设计通常有多种不同的用途，是纯粹的实用性工具，而且它们的外观通常看起来都非常坚固。战术刀可以根据用途不同而选择直刀或折刀，选择战术刀的第一步是弄清自己是想要直刀还是折刀，然后选择自己喜欢的刀片长度、刀片设计类型，最后选择刀片的钢材、刀柄的设计和制造材料。

使用战术匕首的士兵

将长匕首作为武器的士兵

- 直刀与折刀的选择

直刀大多会选用一个完整的龙骨，贴上贴片或缠上伞绳，以防止使用者的手意外向前滑到刀片上，使其在危险的情况下也能够自卫。直刀的龙骨可以延伸到手柄上。在本质上，直刀比折叠刀攻击力更强。但是，直刀携带起来比折叠刀更加困难，更加难以隐藏。

战术折叠刀通常使用自助开启机制，因为折叠刀不能使用完整的龙骨，没有延伸至刀柄的龙骨，它们不像直刀那样坚固。然而，由于大多数折叠式战术刀的尺寸较小，能够很容易地装在裤子口袋中，因而与直刀相比，它们更方便携带并且更容易隐藏。

- 刀片长度

战术刀的刀片越长，使用者的防御距离就越远，也更容易达到目的。但相反的是，战术刀片越长，整个刀的重量也越重，这就意味着其近距离使用和携带更难，较长的刀片也难以隐藏。

现代军队中士兵常用的作战装备

刀片较短的战术刀很适合近距离使用，并且可以有效地利用它自卫。刀片较短也就更轻，使用挥舞起来速度更快，更容易隐藏。通常来说，直刀的刀片较长，折叠式战术刀的刀片较短。较长的刀片在自我防护方面效果更好。

战术直刀也是现代军队的标配武器之一

- 刀片钢材

所有制作刀片的钢材无非是碳钢和不锈钢两种类型之一，每种钢材都有各自的优点和缺点。选择战术刀片钢材的两个最重要的决定因素是其强度和韧性，另外还要考虑钢材的耐磨性，这是衡量其保持边缘能力的一个标准，耐磨性通常和其洛氏硬度直接相关。

钢材的硬度通常用洛氏硬度（HRC）表示（例如 59 HRC）。较低的数字表示较软的钢材，较高的数字则指较硬的钢材。

高碳工具钢刀片比不锈钢刀片更强韧，而且由于钢材中缺乏碳化铬，所以它们更容易磨削。但缺点是它们不会像不锈钢那样防腐蚀，所以在使用之后要注意维护，以防腐蚀。不锈钢刀片钢不像高碳普通刀具钢那样坚韧，而且它们往往难以打磨。

- 手柄设计

选择符合人体工程学手柄设计的刀具非常重要，该刀具的尺寸不仅要适合使用者手持，而且还应考虑使用者感觉最容易握持的方式以及舒适度。

- 手柄材质

选择一把战术刀具时，手柄的材料类型应该是选择的重点。刀柄材料可以分为两类，一类是自然处理材料，包括鹿角、天然木材；一类是合成处理材料。大多数天然手柄材料的外观非常漂亮，但不及合成手柄材料坚韧。

大多数天然手柄材料会吸收水分，最后会坏掉。大多数合成手柄材料坚韧，而且不受水分的影响，不会破碎和开裂。还有手柄材料中存在的纹理问题，例如，平滑的手柄在潮湿的情况下，使用者在使用时更容易在手中扭曲或滑动，因此，大多数战术刀的手柄表面都会添加某种纹理，以提供更强的抓握力。

现代格斗刀的主要功能有哪些

格斗刀就是搏斗使用的刀具，所以在制作方面有严格的要求。这种刀具常被军人用于户外或者野外生存，其具有切、割、刺、砍等功能，并且可以最大限度地发挥刺的优势。

美国树人公司设计的"野兽"战斗刀

现代军队配备的战术匕首

　　格斗刀的功能不外乎切、割、刺、砍，刺就是最致命的攻击方式。但是如果只是一味地讲究刺，要刺中不断移动的敌人，也不是那么容易，因为刺要想真正发挥作用，必须有效结合划这种攻击方式。

　　划很容易击伤敌人，但是如果不能划伤咽喉或者动脉等要害的话，很难致命，所以划的主要作用就是干扰破坏敌人的战斗力，通过划伤敌人的腹部使敌人惊恐；或者划伤敌人的手腕；或者划伤敌人的腿部，使敌人的移动能力明显削弱。从某种程度上说，划是给更加致命的攻击创造条件，或者说划是为刺作铺垫。

　　现代格斗刀不一定以刺杀为唯一功能，有些还能充当锯子、铁丝钳、锤子等工具使用，可以满足其他需求，比如兰博刀就是多功能格斗刀的代表。

　　兰博刀以其剽悍的外形，强大的功能，吸引了众多热爱冷兵器的军事爱好者。刀身造型适合于切割、劈砍、突刺，刀背有粗大而强悍的双层大背齿。刀锋十分精细和锋利，护手二端特制成十字和一字螺丝刀，可以用于旋拧螺丝。手柄为无缝不锈钢管，中空全钢用细绳绑捆，握手坚实防滑；螺母式护手固定方式（非焊接方式）可以保证手柄和刀身的牢固可靠。柄内配有多种生存附件，如火柴、鱼钩、鱼线、指北针等。柄后尾尖锥形锤可用于大力敲击，还开有穿绳孔。并且兰博刀大部分使用黄色皮革作为刀鞘，使它看起来更加硬朗，也轻便了许多。

美国哥伦比亚河 2017 半齿格斗刀

德国索林根 KM 2000 战斗刀

斐济掷杖为何是暗杀利器

斐济掷杖由硬木材质制作而成，其球形头部以一个普通的浅圆拱顶为中心，沿圆锥形的轴向底伸出带有垂直条纹的锯齿状柄，总长约 40 厘米。

斐济掷杖

斐济掷杖是一种被广泛使用的武器，通常可被卡在腰带上，有时可以成对配备。这种非常精确的投掷武器，以前是暗杀的首选武器。虽然这种武器的中文名称（音似"智障"）有点让人啼笑皆非，但在美国海军武器专家 W. 布里斯科 (W. Briscoe) 的日记中，却生动地描述了这种投掷式权杖的可怕威力，并记载了 1840 年在马洛洛海滩上安德伍德中尉被杀害的故事："当安德伍德遭受攻击时，他快速射击并成功杀死了两名当地土著，但当他稍后退两步时，却被不知从何处飞来的掷杖击中了头部。这一击虽未致命，但却夺走了他略占上风的优势，他摔倒在及膝的水里。两个土著迅速冲上来，短短几秒钟就结束了他的生命。"

有人描述这种掷杖："这是一种用手投掷的远程武器，瞄准目标后（通常为敌人的头部）掷出，在空中的快速旋转使攻击效果加倍。在斐济定居的人都认为，这是他们在与斐济人作战时，唯一十分害怕的本土武器。"

斐济掷杖示意图

不同类型的掷杖

斐济掷杖的球形头部特写

>>> 工兵铲为何深受各国官兵喜爱

工兵铲也称工兵锹，是步兵的标准装备之一，自 19 世纪问世以来，因其结构简单、便携耐用、攻防兼备等特点，深受各国官兵喜爱。目前，工兵铲除了拥有传统的土木作业、格斗等功能外，还具备剪铁丝网、登山锥等功能。

工兵铲的发明要归功于丹麦军官马德斯·利纳曼。1869 年，他设计出了工兵铲并获得了工兵铲发明专利。1871 年他开始在奥地利组织生产工兵铲，很快便获得了俄国一笔巨额订单。当时，俄国军队工兵装备的是一种大工兵铲，长达 110 厘米，士兵使用时必须站直。在战场环境下，这非常危险，而且使用起来也多有不便。俄国军方高层对利纳曼的这一发明评价甚高，急于大量采购装备部队。此后，利纳曼的工兵铲逐渐取代了俄国军队笨重的大工兵铲。这一时期，其他国家的军队以利纳曼的发明创造为基础，对工兵铲作了少量改动，不久后便研制出新式工兵铲。

随着枪炮技术的进步，19 世纪中期以后，战场火力大大增强，交战双方必须构筑战壕进行防御，便于土工作业的工兵铲由此真正登上战场。在工兵铲利用方面，德国走在世界前列。一战时期，德国的工兵铲为方头形，前端尖锐，铲体两侧有较宽的刃口，可以减少阻力，近身使用时杀伤力较大。为防止工兵铲造成误伤，德国工兵铲还配有专门的铲套，士兵可以用束条将装入铲套中的工兵铲挂在身上。一战后，德国将工兵铲格斗技巧编入军事教材，并在部队中推广训练。二战时期，德国对工兵铲作了改良，推出圆头铲和可折叠铲。同期的美式工兵铲也为圆头，其铲头较宽、弧度较大，铲柄末端为 T 字形结构，更方便抓握，但作为武器使用则不太方便。

一战时期的工兵铲

苏俄内战和苏联卫国战争期间，MPL-50 工兵铲作为一种便携式工事挖掘器材，成为工农红军和苏军士兵的最佳伙伴。它全长 50 厘米，铲头长 18 厘米，宽 15 厘米，重约 800 克，既可防身，又可作为武器杀伤敌人。德国人也装备过与苏军工兵铲相似的装备，但效果一般，因为他们并不擅长在战斗中使用这种挖掘工事用的工具。而训练有素的苏军士兵用 50 厘米长的工兵铲就可以进行伏卧作业，在不暴露自己的前提下，只用 10 分钟即可挖好掩体。在激烈的近战中，工兵铲由于尖端锋利，因而杀伤力颇大，其效果甚至不逊于苏军经常在肉搏战中使用的斧头。

工兵铲自诞生后，制造材质几经变革，外形也发生了很大变化，其最大的结构性改变出现在二战结束后的 20 世纪 50 年代。这时的工兵铲铲头呈五边形，用起来更加轻便，士兵在战斗期间开展挖掘作业也更加方便。

MPL-50 工兵铲

二战时期英国军队使用的工兵铲

　　2018 年，俄军在经过长达两年的部队试验之后，接收了运用最新科技制造的折叠式工兵铲：其结构经过一系列改进后更加紧凑，铲柄由高强度聚合材料制成，重量更轻。士兵配备这种工兵铲后，不仅可将其作为工事挖掘工具，还相当于装备了一把铲子、一柄斧头、一把锯子。

　　随着现代科技的发展，工兵铲的制作工艺也更加先进，因而可以集多种工具性能于一身。在经验丰富的士兵手中，工兵铲几乎可以变成任何一种需要的工具：它可以砍伐小树、劈柴火，制作帐篷桩，把帐篷桩钉进地下搭建帐篷；如果需要渡河，它可以作为划船工具；如果工兵铲出厂时不够锋利，可以将其边缘进行打磨，使之成为特殊刀具；对驾驶员来说，如果需要在软土地上更换轮胎，可以把千斤顶支在工兵铲上面形成一个支撑点，然后完成更换作业。更加先进的工兵铲甚至囊括了锹、镐、锒、虎钳、剪刀、锯、拖钩、飞锚、开桶器、起钉器、开瓶器、扣断器、测量尺、管夹、锤子、紧固器、撬断器等多种工具的能力。

现代钢制工兵铲

>>>> 短小的手刺为何拥有巨大杀伤力

手刺是一种可以握在掌心的格斗武器，其刀刃尾端非常纤细，可以从指间探出，树叶般的刀尖锋芒毕露，使用方式与普通匕首不同，而是像拳击一样推刺。

手刺握持示意图

在 2021 年法国警方的一次缉毒行动中，手刺这种冷兵器大放异彩。一名特警在抓捕毒贩时，不慎陷入了近身缠斗的困境。在这种近距离肉搏中，特警装备的枪械毫无用武之地，而毒贩手中的匕首却非常有效。千钧一发之际，训练有素的特警没有忘记他腰里的 CRKT 骷髅手刺，他将手刺抽出并全力刺进了毒贩的胸膛，一击致命。在此事件中，手刺完美展现了其存在的价值。

对称柄手刺

　　关于手刺的起源，有人说是由印度克鞑儿拳剑进化而来，但不论作用还是形制，两者均有较大差异。目前欧美国家比较认同的手刺起源，是在19世纪密西西比河上的货船里，水手和赌徒使用手刺来捍卫自己的尊严与荣誉。到了一战时期，手刺开始作为武器出现在战场上。一种名叫"罗宾森"的手刺成为堑壕战利器，从此手刺的强大威力为人所熟知，并逐渐发展为现代刀具的一种特殊类型。

　　现代手刺有且仅有一个功能，就是战斗。它无法替代日常使用的小刀，偏厚的刀身即使是用来拆快递也不太方便。所以在一般环境下，手刺彻底沦为"花瓶"。但是在战斗或者防身方面，手刺有着无可比拟的优势。得益于其独特的刀柄结构，手刺将轻便、紧凑发挥到了极致。现代手刺一般都配备了腰夹，悬挂在腰间时不会对行动产生任何影响。即使握在手中，普通人甚至都会看不出那是一把利器。

　　手刺还具有一般刀具不能比拟的训练成本优势，即使是女性，也能利用人体本能发挥出其威力，而不用担心伤害到自己。此外，手刺还有一个并不明显的特点，就是不易被抢，这点在近身搏斗中非常重要。

手枪柄手刺

　　目前市面上的手刺主要分为两种，一种是普通的对称柄手刺，另一种是手枪柄手刺。手枪柄手刺可利用人类最有力的中指和食指夹住刀身，发挥出更大的威力，缺点是在紧急情况下容易握反。

现代军队用的头盔真能防弹吗

现在有一些冷兵器为了顺应时代潮流，开始借助高科技手段改头换面，以新的姿态出现在现代战争中，比如军用头盔。现代用的头盔主要是作为一种头部防护装具，中国古代称为胄、兜鍪、盔等。由于头盔能使人类最重要、最脆弱的头部免受伤害，所以历来为各国军队所重视。在古代，盔大都由金属制成，防护是其唯一功能。

在战场上，枪弹、破片造成的颅脑外伤一直是致死率最高的伤情，因此拥有一顶好的头盔，对于士兵来说很可能就能因此而躲过死亡——甚至不止一次。大部分人认为现代军用头盔顶多也就能防手枪弹，步枪子弹即使无法击穿头盔也会让佩戴头盔的使用者颈部折断而死亡。网上流传着一种说法是这样的：头盔面临重量与防护能力的矛盾冲突，与防弹衣不同的是，头盔的重量完全由颈椎承担，因此人体对头盔重量的耐受远不如防弹衣。

早期的头盔由于工艺和材质的限制，故而主要是防御一些弹片或者角度不正的流弹。随着时代科技的发展，军用头盔从外形结构到材料等都发生了巨大的变化，并且逐渐能够抵御一定距离和部分口径子弹的直击。1978年美军开始舍弃合金头盔，而改用由凯夫拉纤维制作的防弹头盔，从此军用头盔的防护水平有了质的飞跃。

美国士兵装备的先进战斗头盔

全副武装的美国士兵

目前各国士兵普遍装备了最先进的凯夫拉头盔，而实战也证明最新的军用凯夫拉头盔不仅可以防手枪弹，防御步枪子弹也不在话下。英国40突击队员埃里克·沃尔德曼，戴着他的凯夫拉头盔在伊拉克南部城市乌姆盖斯尔与伊军的第一次交火中，头部曾中了4枪，多亏他的头盔才保住了性命。

随着科技的进步，军用头盔也从未停止过的进化。现代战争已经迈入信息化时代，头盔不仅可以保护士兵的生命，还能承载更多的使命。

在现代信息化战争中，头盔不再只是一个保护工具，而是扮演了战士第二大脑的角色。小小的头盔里装满了高科技产品，在极为有限的空间里安装有一部雷达装置、一部微型无线电、一个话筒和一副耳机，雷达装置可以报告士兵所处的确切位置，无线电便于士兵同战友和指挥官联系。伊拉克战争中，美国特种部队和精锐的陆军步兵部队就装备了这种新的轻型军用头盔——MICH。MICH头盔使用了一种新型衬垫，这种衬垫能变形以适应不同的头型，从而大大提高了佩戴舒适度。MICH 的无线通信系统具有良好的通信性能。可以说，为了适应信息化战争的需要，头盔已经得到了极大的改进。

二战时期德军装备的头盔

美军士兵使用的战斗头盔及卡巴军刀

头戴 MICH 头盔的美国海军陆战队士兵

防弹衣能否抵挡住匕首等冷兵器的穿刺

防弹衣是指"能吸收和耗散弹头、破片动能，阻止穿透，有效保护人体受防护部位的一种服装"。从使用看，防弹衣可分警用型和军用型两种。从材料看，防弹衣可分为软体、硬体和软硬复合体 3 种。软体防弹衣的制作材料主要以高性能纺织纤维的复合材料为主，这些高性能纤维远高于一般材料的能量吸收能力，赋予防弹衣防弹功能，并且由于这种防弹衣一般采用纺织品的结构，因而又具有相当的柔软性，被称为软体防弹衣。硬体防弹衣则是以特种钢板、超强铝合金等金属材料或者氧化铝、碳化硅等硬质非金属材料为主体防弹材料，由此制成的防弹衣一般不具备柔软性，而是以插板形式为主。软硬复合式防弹衣的柔软性介于上述两种类型之间，它以软质材料为内衬，以硬质材料作为面板和增强材料，是一种复合型防弹衣。

20 世纪常见的匕首类型

作为一种防护用品，防弹衣首先应具备的核心性能是防弹性能，它的防弹性能主要体现在以下两个方面。

- 防弹片

各种爆炸物如炸弹、地雷、炮弹和手榴弹等爆炸产生的高速破片是战场上的主要威胁之一。据调查，在战场上的士兵所面临的威胁大小顺序是弹片、枪弹、爆炸冲击波和热。所以防弹衣非常讲究防弹片的功能。

- 防非贯穿性损伤

子弹在击中目标后会产生极大的冲击力，这种冲击力作用于人体所产生的伤害常常是致命的。这种伤害不会呈现出贯穿性，但会造成内伤，重者甚至会危及生命。所以对非贯穿性损伤的防护力度也是体现和检验防弹衣防弹性能的一个重要指标。

形似短剑的匕首

防弹背心各组成模块

　　尽管防弹衣的防弹性能十分优异，但是却并不能很好地抵挡住冷兵器的穿刺。其原因在于刀具所产生的是剪应力，力的方向垂直于纤维材料，刀尖的能量密度远高于弹头，对于垂直方向的剪应力的抵抗是最差的，甚至没什么效果。目前，市场上还没有一款软体防弹衣能够通过穿刺性能测试。要想防穿刺效果达到防刺服的标准规定，就只能选择硬体防弹衣和专门的防刺服。虽然硬体防弹衣具备一定的防刺能力，但由于其材料主要由金属组成，因此会有笨重、使用不方便的弊端存在。

正在穿防弹背心的士兵

Part 04
实 战 篇

　　一般认为，冷兵器时代从原始社会晚期开始一直持续到公元 10 世纪，主要分为石器时代、青铜时代和铁器时代三个阶段，与之相适应，冷兵器战争也经历了产生、发展、成熟三个阶段。在整个冷兵器时代，作战方式始终以集团布阵、短兵相接的白刃格斗为主。

>>> **使用冷兵器的军队能否依靠人海战术打败使用热兵器的军队**

　　人海战术，是一种以大批兵力和密集队形正面攻击敌方阵地的战术。具体形式是以大量密集步兵向敌方冲锋，目的是冲入敌方战线，以近战使敌方难以靠火力歼敌。

　　冷兵器时代，交战双方对垒时主要依靠集中优势兵力，凭借数量的优势冲击敌方薄弱环节从而取得突破点，这是其常规战术的一种。它的基础是集中优势兵力，通过增加数量来提高整体的实力，在军事上是一种常见和有效的战术。以较多的兵力冲击敌方阵地除了会对其产生心理上的震慑作用以外，以较多的兵力冲击敌方阵地也能减少敌方反击的时间，加快敌方战斗人员伤亡的速度，从而减少己方伤亡。

19 世纪西方国家流行的剑舞

　　19 世纪以后，随着热兵器的杀伤力迅速增强，战力与人数的相关性开始降低，而与武器装备以及弹药数量的相关性开始增强。现代火器的强大杀伤力可使采用人海战术的敌方伤亡大增。如一战时的人海战术可以使战争双方每日死亡人数达到数万人。但是人海战术的可用性在高效杀伤的热兵器时代已经开始降低，而重机枪的出现和步炮协同的作战方法也使人海战术由密集的步兵冲锋逐渐改为小股单位分散冲锋，以获得更高的效率并减少己方的伤亡。人海战术开始被用来特指在狭隘的战场中投放大量兵力，不惜伤亡实现战术目标的作战方式。

使用冷兵器作战的欧洲军队

二战中，不少战役仍然使用了人海战术，并造成交战双方的重大伤亡。

在近代战争中，由于自动武器、炮兵与空对地的优势火力，导致使用人海战术的一方极易造成伤亡惨重的后果。人海战术要成功，就必须在最短时间内以很大兵力冲入敌方战线，如此才有足够的兵力进行近战。

海湾战争的经验表明随着科技的进步，武器的威力越来越强大，智能化程度也越来越高。随着新的军事理论的出现和大量精确制导武器投入战场，传统的机械化巨型兵团已逐步失去了发挥的空间，但美军在2001年的阿富汗战争和2003年的伊拉克战争结果表明，陆军依旧是最终决定胜负的关键。因此，现今军事强国的陆军非常重视陆军的空中化建设和远程投送能力。他们对己方军队在未来战争中的基本要求，就是具备数字化和快速反应及远程投射能力。

欧洲士兵开始使用火枪作战

　　也有人认为，在现代战争中人依旧是左右战争的关键，因为无论多么先进的武器，最终都操作在了人的手中。在双方军队技术（数字化）水平持平的前提下，数量优势（技术装备）依旧是左右战争胜负的关键因素之一。

🔔 小知识：

　　在1532年，一支西班牙军队在美洲地区遭到了印加帝国军队的袭击，人数方面西班牙军队只有62名骑兵和106名步兵，而印加军队人数达到了8万之众。

　　然而这场战斗的结局是西班牙几乎以零伤亡便击溃了有8万之众的印加军队。印加军队失败的原因很简单，因为当印加军队拿着冷兵器勇猛冲锋的时候，等待他们的是西班牙人整齐划一的火枪轰鸣声以及潮水般的子弹。

17世纪的火枪手

冷兵器时代的骑兵

一战初期冲锋的法国步兵

 ## 冷兵器时代的战争与近代战争, 哪个时代的战争伤亡率更高

　　在使用大刀长矛的冷兵器时代, 战争伤亡率经常高得惊人。而即便在战争规模最大的二战时期, 部队伤亡比例过半的战斗也相当少见, 全军覆没的战例更是罕见。而古代冷兵器战争, 常常会伤亡过半甚至全军覆没。

冷兵器时代，指由远古时期兵器由生产工具分化出来，也就是兵器发明开始，直到火药发明并广泛使用于战争的这段时期。许多冷兵器由复合材料制成并兼有两种以上的用途性质，并以其主要材料和用途性质划分类别。

冷兵器和热兵器混用的战斗

近代战争随着科技的进步，武器装备得到大幅提升，而其中的代表便是一战和二战。

虽然一战与二战的死亡人数都很多，但是受战场救护、人员防护以及人权思想等各方面因素的影响，战士们得到很大程度上的保护，并且很难出现冷兵器时代损伤过半，乃至全军覆没的现象。

冷兵器时代出现伤亡率高的原因有以下 5 个。

- 古代医疗条件差，一点皮外伤就能要命，所以伤亡率惊人。

- 古代战场人员密度大，战斗非常激烈。

- 古代对待俘虏没有国际法约束，虐俘和杀俘的事情很多。那时候的战争文明程度比现在低得多，战败往往意味着抢劫和屠城，所以战斗惨烈得多。

- 军队常常会出现大量非战斗减员（疾病之类）现象。

- 胜者往往崇尚"斩草除根"理念。

近现代战争中士兵使用的作战装备

冷兵器战场上的掩护工具多为盾牌

冷兵器时代骑兵最常用的单兵武器是什么

长矛是古代各国军队大量装备和使用时间最长的冷兵器之一，是一种用于直刺和扎挑的长柄格斗冷兵器。直至现在，在世界偏僻之地的土著们还在使用长矛狩猎、战斗。长矛由矛头和矛柄两个部件组成，矛头多以金属制作，矛柄多采用硬木、竹竿、硬藤等，也有用金属杆制作而成的。

在中国古代，东汉以前因各地方对长矛的称呼不同，一般称其为"矟"（后世又俗称为"枪""铊"等），矛柄称为"矜"。古代骑兵用的长矛又称为"槊"。

长矛的历史非常悠久，其最原始的形态就是旧石器时代人类用来狩猎的前端削尖的木棍。后来人们逐渐懂得用石头、兽骨制作出更好的矛头，缚在长木棍的前端，以增强杀伤效能。

现代模仿的西班牙方阵

自从世界历史进入文明时代后，人类逐渐掌握了冶铜技术，并开始制作铜质的矛头。大约在公元前 3000 年，在古埃及和两河流域的古代文明中已出现了铜矛。在两河流域苏美尔人建立的乌尔第一王朝（约前 28～前 27 世纪）的王陵中，埋有殉葬的军人，他们装备有铜制的冷兵器装具，包括甲胄、斧、匕首和矛。从公元前 25

世纪的石碑上，可以看到装备有胄和盾牌的步兵手持长矛列队前进的图像。到公元前 2000 年前后，古埃及的步兵也以盾牌和长矛作为主要兵器。在古代希腊的军队中，长矛是主要兵器之一，虽然他们更倾向于使用投枪。

在步兵方阵中，前面两三排的战士常将长矛对着敌人，而后面各排则把长矛架在前一排战士肩上，形成一道抵御敌人的屏障。当时的长矛一般总长约为 1.8～2.7 米。这种使用长矛的方阵到公元前 5 世纪时被马其顿人发展到最高峰。著名的马其顿长矛，一般长 4 米，有的甚至长达 4.5～5.5 米。前排战士的长矛较短，后排的长矛最长，战士持长矛向前冲锋时可使矛尖齐平；如果全方阵战士同时向前冲锋，就可以形成一堵长矛如林的墙壁，令敌人无法抵御。

在欧洲，长矛一直是中世纪骑士主要的格斗长兵器之一。为了能彻底刺透敌人的铠甲，他们会使用一种单手握持的长而尖锋的锐利长矛，凭借战马向前奔驰的冲力，从而获得较强穿透力。除战场格斗外，也可用于比武。公元 14 世纪以后，随着欧洲步兵的复兴，瑞士军队开始使用长近 6 米的步兵用矛，其前部约 1 米外以铁制作，以防止敌人用刀斧砍断。瑞士步兵方阵前布列 4～6 排长矛兵，密集的长矛之林是敌方骑兵难以逾越的屏障。

欧洲重骑兵使用长矛对抗敌人

西方的长柄刀的各种刀身

古代欧洲使用的矛主要有短锤矛、菱形矛、长矛和短矛4种。短锤矛外形独特，在短杆的一端装有金属叶片（盾片）制成的小头。16～17世纪使用的短锤矛长约半米，带有直径14厘米的铁头，铁头上还装有14个叶片。哥萨克人更是将短锤矛作为首领权力的象征，而且这一习俗甚至一直沿用到俄国内战期间。

经过无数次战争的考验，长矛逐渐成为当时冷兵器舞台上的主角，并称霸陆地战场。直到火器出现以后，长矛才悄然退出了战争的历史舞台。

欧洲重骑兵的作战装备

▶▶▶ 古代冷兵器——矛在战场上有哪些作用

　　矛是古代军队中大量装备和使用时间最长的冷兵器之一。矛的历史非常悠久，其最原始的形态是用来狩猎的前端削尖的木棒。后来人们逐渐懂得用石头、兽骨制成矛头，并将其缚在长木柄前端，以增强杀伤效能。在新石器时代遗址中，常发现用石头或动物骨角制造的矛头。奴隶制社会的军队，已经开始使用青铜铸造的矛头。商朝时，铜矛已是重要的格斗兵器。从商朝到战国时期，一直沿用青铜铸造的矛头，只是在形制上，由商朝的阔叶铜矛发展成为战国时的窄叶铜矛。矛柄的制作也更为精细，以木为芯，外圈以两层小竹片裹紧并涂漆，使其更加坚韧而富有弹性。从战国晚期开始，开始逐渐使用钢铁矛头。直到汉代，钢铁制造的矛头才完全取代青铜矛头。随着钢铁冶锻技术的提高，矛头的形体开始加大并更加锐利。

西方步兵使用长矛对付骑兵

马其顿方阵使用的长矛

青铜矛头

　　矛的使用方法大多是用双手握柄，以直刺或戳为主。古代长矛战术中最出名的当数由古希腊亚历山大大帝改良的"马其顿方阵"。这个几乎坚不可摧的方阵使亚历山大麾下的军队能够所向披靡，使其从欧洲出发一路征服了波斯、中亚和印度的部分地区；直到被罗马帝国的军队挫败前，该战术一直是古代希腊军队用以对付敌人的主要战术。

　　直至 17 世纪中期前，矛在西方世界的战斗中发挥着极大的作用，是步兵部队对付骑兵部队最主要的武器。西方步兵所用矛的长度通常为 3 ～ 4 米，最长的矛超过 6 米。相传中世纪时期第一个将长矛运用到战斗中的是比利时佛拉芒的民兵部队或居住在低地地区的苏格兰人。

　　13 世纪末期至 14 世纪初，面对英法同盟军的侵略，由苏格兰军队创建的战斗方阵在仅有少量骑兵和弓箭手的苏格兰部队中发挥了重大作用。凭借这种战术，苏格兰人在 1302 年及 1314 年的两场重要战斗中取得了巨大胜利。后来随着火枪的发明及装备刺刀的步枪在西方军队中的普及，直到 17 世纪中期长矛在新生武器的影响下才正式退出军事舞台。

西班牙士兵使用的长矛

冷兵器对决中如何对抗比自己长的武器

　　每种武器都有它的长处，但也都有不足。而兵器的使用和选择，要根据使用条件、地形、自身条件等因素决定。通常来说，长兵器适合在大规模集团战中使用，因为长度比较长，在大规模厮杀中比较有利，而军人作为集体中的一分子都受过严格训练，作战时主要依靠集体协作的力量，技巧性反而不是最关键的。

　　虽然长兵器有攻击范围广的优势，但缺点也很明显，那就是不灵活。而且常见的长兵器，如戈、矛、戟等还有一个问题，那就是对于贴近的对手没有什么攻击手段。在军阵中，这些缺点都可以靠阵型来弥补，但一对一的时候，没人在旁边帮忙，这些缺点就会被放大。

现代仿制的欧洲长兵器

　　如果在开阔场地，军队集团对决，那么兵器短的一方往往会与其他兵器如弓箭、弩等配合使用。但采用这种战术，对单兵格斗能力要求比较高，必须配备盾牌用于近身防护，以近战、夜战最为有利。如果是两个人或几个人对决，持短兵器的人可以寻找空间狭小、不利对方施展的地方对决，这时候，技巧性的技击就比较有作用。

短兵器比较灵活，在实战中需要使用者身体灵活，而不是使用蛮力。

　　所以，短兵器在与长兵器一对一的时候，最好的办法就是想尽办法贴身对其发起攻击。这就要求使用短兵器的人首先得灵活，能够躲开长兵器在远距离上的攻击，尤其是对于长兵器的使用规律和特色要有准备和判断，这样才能及时躲开；其次就是要善于格挡。毕竟在前进的过程中，谁也无法保证自己次次都能躲开长兵器的攻击，所以，如果有一个盾牌当然最好，即使没有盾牌，也一定要善于用自己手中的短兵器来格挡长兵器的攻击。实战中，常见的一种打法就是俯身或贴地前行，用地躺刀之类的路数，靠近长兵器。

瑞士长剑

陈列在博物馆中的长矛

游行中的德国长枪兵

>>> 士兵在战场上如何使用链锤

　　链锤是一种十分轻巧且容易操作的冷兵器，它可以缠绕拖拉对方的武器，利用惯性可以增大链锤的杀伤力，而且反应和移动速度相当快。在比较平整的地区比较适宜使用，并可配合弩进行攻击或防御。

　　链锤是在中世纪步兵盾及重甲被普及之后，比锐器更有效的杀伤性武器。在苏联入侵波兰时，守卫首都的民兵中还有人装备着祖传的链锤。进攻时，如果敌人立起盾牌防护，可用手柄的前部由上至下打击敌方盾牌的边缘，由于惯性铁锤会出其不意地快速挥击到敌人头部并且造成严重杀伤，前侧的钝器对任何护甲都有杀伤效果。这也就是为什么大部分欧美中世纪游戏里，链锤兵种更能克制重甲部队的原因。

古代链锤

链锤上的铁锤

　　在东欧，剪径的强盗会使用更简化的链锤，这种链锤省去了硬质的手柄可直接握持链子的末端使用，携带隐藏更加方便。当然这种链锤的打击对象大多是手无寸铁的平民。在训练有素、全副武装的骑士面前，这种粗糙的武器毫无优势可言。无柄链锤的锤头有时候也会很小，做成枣核状，而且链子也比较细，这种小巧的武器是东欧平民比较乐于携带的防身武器。在街头拳斗中也可以把枣核形锤头握在手里，将细链子缠在手上当作硬手使用，遇到野兽或者歹徒也可以当链锤抽击。在不用的时候，将其团成小小的一团放在口袋里也一点不显眼。

　　而在日本民间，这种链锤类武器也较为多见，从60厘米到3米的链锤，都非常容易隐藏在宽大的和服里。日本的链锤多在链子两端安装100克到300克的锤头，携带的时候挂在脖子上或缠在腰间。在17世纪至18世纪，这种武器在日本民间很多见，并有剑术武馆教授相关技巧。在现代的日本忍者学校里，链锤类武器的培训仍然比较普遍。日本链锤除了击打之外，用链子捆绑缠绕敌人的四肢和勒敌人的脖子也是其主要功能。

老式链锤

▶▶▶▶ 英法百年战争期间法国军队为何不使用长弓

　　中世纪的欧洲战场上，约有百年时间，长弓犹如今日的飞弹。例如英格兰曾拥有长弓部队，当时其敌对方是苏格兰与法国，明知长弓的优势，而且屡战屡败，但仍执着地用强弩对抗英格兰。这是制度性的选择，而非技术上的障碍。理由很简单，长弓的技术门槛不高，比起强弩所需的机械原理更容易操作，成本也更低廉，英格兰因而擅用长弓部队。而法国由于政局不稳，只能禁用长弓，否则地方势力容易集结民兵，如果训练战力强大的长弓部队，会导致政府军队无法有效镇压叛乱。

现代弩

　　长弓兵可集结成阵，也可依地形山川河流各自移动，寻找掩护狙击，攻守都很方便。但长弓部队要密集发射才有克敌的效益，并且养成训练期长（2～3年），更需时常操练，因此培训成本较高。简而言之，长弓部队必须培养大批弓手，整体成本较高。

现代制造的长弓

　　弩这种武器，优点是操作标准化，射程远过长弓。但其也有一大缺点，即必须首排发弩（射击），次排进弩（预备），末排上弩（装填）。长弓则无此缺点，熟练者每分钟每人可瞄准射出 6 箭；若不瞄准，可射出 10 箭，在战场上经常可以制造出箭如雨下的场景，对骑兵尤其有杀伤力。

　　英法百年战争期间，有一场重大的克雷西战役。英军总共只有 14000 人，其中有 5000 名长弓手。法军则有 20000 ～ 30000 人，其中有 6000 名弩兵。法军弩兵发起十多次冲锋，英军长弓手以"左射右、右射左"交叉火网迅速打败法军。法军损失 1500 至 4000 名武装兵，步兵死伤无数。英军则仅损失 100 ～ 300 人，这再度验证了长弓的威力。

古代士兵使用长弓进行射击

　　使用长弓需要具备各种条件。第一，政权中央化，具有能培养出长弓所需的社会条件与文化背景（如前述）。第二，政权稳定，不怕内部叛变。

　　采用弩的政权，其实是选择既贵又慢且不便的武器。政局的稳定性是选择武器的重要因素。制度性的因素，反而优先于技术性的考虑。

达·芬奇绘制的超巨型弩

▶▶▶ 让"英格兰长弓"一举成名的是哪次战役

欧洲中世纪时期，长弓在战场上发挥了重要作用。它使来自偏僻海岛、经常处于数量劣势的英格兰军队成为一支令人望而生畏的军队。

英格兰长弓源自威尔士，威尔士王国的历史比英格兰更加古老。自罗马帝国时代开始，威尔士人先后抵抗过盎格鲁撒克逊人、维京人以及英格兰人的入侵。威尔士长弓由维京人的长弓延续而来，并于中世纪时期成为威尔士民兵的主要武器之一。由于长弓的廉价，威尔士的牧羊人甚至可以将掌握长弓的射击技术作为自己的一门副业。

最终，威尔士人还是将这种形制简单的长弓半专业化，形成一种比寻常弓弩更有威力的武装体系。此时的威尔士长弓还未像后来的英格兰长弓一般闻名于世，但威力仍然不容小觑。据相关记载，在1182年的威尔士门户——阿伯盖文尼城围攻战中，便有威尔士人发射的流矢穿透了约10厘米厚的橡木门板的记录。

15 世纪晚期西方骑兵使用长弓作战的油画

威尔士人与英格兰人之间的关系复杂且多变，战争时有发生。然而在 1194 年卢埃林成为领主后，这位强有力的领袖很快就开始着手壮大他在北威尔士的势力。接下来，卢埃林证明了他是一位精明且富有经验的领导者。1211 年，约翰王在内忧外患的形势下对威尔士发起的进攻被卢埃林率领威尔士民兵轻而易举地击退。在约翰王死后，卢埃林得到了后继者亨利三世的允许，成功地将威尔士境内的全部王国撤销，建立了威尔士公国并由卢埃林亲王本人统治。北威尔士在卢埃林时期，有效地抵抗了英格兰的进攻，扩大了统治的领土，而且以格威内斯为中心建立起了强大的统治机构。

然而，虽然卢埃林采取袭击和伏击战术屡次击败约翰王与亨利三世的侵略军，但在爱德华一世加冕为国王后，还是遇到了难以对付的对手。在 1276 年，爱德华国王开始征召英军，准备对威尔士发动进攻。这支军队只包含少量的骑兵，主要由弓箭手、轻步兵以及民夫组成。爱德华一世摒弃了前代英王选择的大规模、企图速战速决的战略。他计划在占领地实施持久战略，采用雇佣方式召集了能够适应威尔士森林、多山荒野地形，并能够持续与威尔士人作战的军队，避免后勤保障出现问题。

传统英格兰长弓

爱德华首先攻克了卢埃林治下的一些靠近边境、疏于防备的城镇。随后，爱德华切断了通往卢埃林领地的供给，并于接下来的冬季继续实施掠夺和追击战略。事实证明，他发动的冬季战役是相当有效的。爱德华国王在被占领的领土上修缮并新建城堡与要塞，以阻止威尔士人对所占领地区发动袭击或重新夺回所占领地区。这一持久战略，不仅横跨了1277年的整个冬季，而且一直持续到英格兰对威尔士的征服过程结束。

随后，英王爱德华得到了意外的好消息——卢埃林在军阵中，被一名没有认出其身份的英格兰士兵刺伤身亡。卢埃林的意外战死无疑减少了英格兰人在征服过程中遇到的困难，推进了英格兰征服威尔士的进程。爱德华推行的土地开垦政策加速了英格兰制度以及语言在威尔士的逐渐传播。在接下来的数年中，尽管占领区的威尔士人也有过反抗，但都被迅速而有效地平定，故而保证了威尔士政局的稳定。在爱德华后期的征服战役中，一部分威尔士人成为英军主力，这也让威尔士加快了其成为英化的英王领地组成部分的步伐。

古代西方使用英格兰长弓作战

　　对威尔士人不断进行政治渗透是爱德华一世政治征服的重要内容。1284年，爱德华征服威尔士全境，并颁布"威尔士法"。他接受威尔士人的要求，同意由一位在威尔士出生、不会讲英语、生下来第一句话说威尔士语的亲王来管理威尔士人。此后，他将他即将分娩的王后接到威尔士，生下的王子便成为第一位威尔士亲王，即后来的爱德华二世，此称号作为王位继承人称号一直沿用至今。自此，英格兰成功地将威尔士纳入版图。同时，英格兰人也让威尔士的长弓手加入了他们的军队，进一步强化了在英格兰推广普及长弓的举措。

使用英格兰长弓射出的箭

在平定威尔士后，英格兰国王很快将目光移到北方的苏格兰，苏格兰便成为英军的下一个征服目标。苏格兰与威尔士相似，是一个经济不发达的山区国家。这让苏格兰人也像威尔士人一样，注重较为廉价且更适宜山区作战的重步兵。苏格兰军队中也有少量的重骑兵和弓手，苏格兰重骑兵战力与英格兰重骑兵相当，但显然苏格兰弓手远逊于威尔士和英格兰的长弓手。

》》》 一战中被广泛使用的壕沟刀有什么突出特点

壕沟战又称堑壕战，是由散兵坑演化而来的一种利用低于地面的战壕进行作战，用于保护士兵躲避炮弹的作战方式。该作战方式主要运用于火器时代的阵地战当中，并且在战争结束后通常会将死亡士兵埋葬其中。

英国步兵手册中的壕沟建造示意图

　　欧洲进入火药武器时代后，除排纵列作战的正规士兵外，还出现了散兵——就是不排队列作战的步兵——这些士兵相当于现在的侦察兵或者尖兵。他们监视敌人，作战时会为自己挖一个小坑来躲避炮弹。在骑士战演变为列阵枪战的过程中，因为没人愿意和敌人站在几十米开外对射，所以散兵坑被普遍用作战壕，以保护士兵。

美国 M1918 壕沟刀

　　由堑壕战衍生出来一种冷兵器，被称为"壕沟刀"。壕沟刀主要是为壕沟战设计的近身战杀伤性武器。壕沟刀和刺刀很类似，都是为近身战而设计，也都最大限度地突出了杀伤力。不同的是，壕沟刀没有连接到来复枪枪口的设计。

美国在一战时期使用的壕沟刀及其刀鞘

　　壕沟刀被广泛运用于一战和二战中，德军、英军和美军都采用了壕沟刀的配备，可是其功用都不是太完善。壕沟刀刀身平直，两边开刃，铜制手柄带有指扣尖刺。这种铜环指扣能让运用者非常有效地运用尖刺发力进攻。在刀柄的底部，还带有螺丝形状的鼓槌，也能够用作进攻。

　　但是，也正是因为带有这种特殊的指扣尖刺护手让这种刀很难大规模盛行开来。这种壕沟刀在战役后期配备，那时只是作为一种弥补性武器，仅配发给一些如伞兵之类装备里没有刺刀的军种。士兵在战役中需求的是多用处的刀，并不只是局限于近身搏斗。这也致使许多兵士不是很喜欢壕沟刀。因为武器自身的局限和战时制作刀柄指扣的黄铜缺少，壕沟刀没有大规模出现在二战中，只有少数是作为标准配备发给兵士。

索姆河战役中的一个英军柴郡团岗哨

▶▶▶ 德军在一战时配备的"屠夫"刺刀有什么特点

近现代刺刀作为前装滑膛枪的配装武器，大约在 16 世纪首次出现。一战是刺刀最后的鼎盛时期，当时各国步兵武器火力相对薄弱，而刺刀作为一种用于战术突击的重要格斗武器，各参战国都非常重视，一战中也出现了多场惨烈无比的刺刀大战。而当时有一种刺刀不得不提，它便是德军使用的"屠夫"刺刀。这种刺刀的正式名称是 M98/05 刺刀，它于 1905 年正式被德国军队采用，是德国军队在一战中使用量最大的刺刀之一。

M98/05 刺刀在一战中迅速"成名"，主要原因就是它采用了凶残的犬牙背齿设计，极大地提高了刺刀的杀伤力，当刀身拔出或转动时，背齿就可以进一步扩大伤口并破坏沿途碰到的一切人体组织，即使治愈后也会影响身体功能。正是因为 M98/05 刺刀这种近乎泯灭人性的设计，许多协约国士兵惨死在它的刀尖之下。于是，协约国的宣传机构不断地渲染 M98/05 刺刀的威力及它所造成的可怕伤口，并为其起了"屠夫"的绰号，以此证明德国军队的残暴。

随着一战的结束，这款刺刀并没有退出德军序列，在后来德军重整军备后，"屠夫"刺刀再次出山，并将其大量装备到后勤部队。

"屠夫"刺刀"锯齿"特写　　　　　　　　"屠夫"刺刀刀柄特写

"屠夫"刺刀及刀鞘

>>> 一战时期各国士兵为何要自制战壕锤

　　提起一战,人们的第一印象就是马克沁机枪、初代坦克以及无边无际的堑壕。可以说一战在进入相持阶段以后,所有的战略和战术都是围绕着突破和防御战壕来进行的。在这个由重型火炮、速射步兵炮、迫击炮、机枪、步枪、铁丝网构成的防御体系中,进攻方需要付出极大的代价,才能攻入敌方战壕。然后,双方就要在狭窄的战壕中进行近距离作战。

　　此时,很多士兵发现手里的步枪在狭窄的战壕中使用很不方便,无论是调转枪口方向还是带着刺刀进行肉搏,挂上刺刀后总长1.5米左右的步枪都很不趁手。因此,各国专门为堑壕混战列装了许多武器,例如霰弹枪、手枪、轻机枪、冲锋枪、工兵铲、战壕刺等。不过这些武器并没有配发给每名士兵,因此很多士兵只能自制趁手的近战武器,其中数量最多的就是战壕锤。

　　锤子在古代欧洲就是士兵常用的近战武器,即便是身穿重甲的士兵,也非常害怕战锤的攻击。战锤还有使用简单、灵活、敌人格挡躲闪不易等优点。而一战时期士兵自制的战壕锤一般就是一个木柄,上面嵌满钉子、弹片、水壶碎片,甚至是将带刺的铁丝网直接缠到木柄上。具体镶嵌什么,完全取决于制作者所处的环境条件。

甚至有一些士兵将失效的迫击炮弹去除引信后镶嵌到木柄上。与此同时，各国兵工厂也开始大量生产各种战壕锤，并且样式也千奇百怪。

一战时期奥匈帝国士兵使用的单兵装备

战壕锤比刺刀耐用（刺刀插入人体时有可能被肋骨卡住），所以不少参战国的军队皆有配备。在奥匈帝国军队内服役的波斯尼亚士兵最为凶悍，他们直接将传统的狼牙棒带上战场。

采用木柄和铁钉制作的简易战壕锤

　　战壕锤被一战中的战壕突击队认为是最好用的武器，特别是在夜间袭击时，用于袭杀敌人很有效率。士兵通常会用战壕锤敲击敌人的头部，即使对方戴着钢盔也难以承受如此重击。在一战频繁的毒气战中，战壕锤也会被军官使用，专门将中毒的敌方士兵快速处死。

保存在博物馆中的战壕锤

匕首在古代欧洲有什么用途

　　匕首早在古埃及（前 3100—前 30 年）时期就已出现。有例为证，1922 年，考古学家从古埃及第 18 王朝的第 12 位法老图坦卡蒙（前 1341—前 1323 年）的墓中挖掘出大量珍宝，其中一件为金质匕首，其匕首鞘也为金质，并且匕首及其刀鞘上均加工有精美装饰。

欧洲骑兵使用的十字匕首

在罗马帝国（前 27—395 年）鼎盛时期，匕首是罗马军团士兵的必备武器。从中世纪（476—1453 年）开始，欧洲匕首的形制开始增多，并且与罗马匕首存在较大差异。

肾脏匕首

古代欧洲使用冷兵器作战

欧洲中世纪时期，匕首主要用于自卫、暗杀和近距离作战，因为长剑在这些场合显得过于笨重，在战斗中长剑丢失或断裂时会用到匕首。传统观点认为匕首是出身低微的人所用的武器。但在 14 世纪，匕首开始为士兵和骑兵所使用，通常将其挂于臀部右侧。

重甲骑士堪称欧洲古代最著名的兵种，他们身上的重甲具有极高的防护力，在火枪发明以前，少有骑士在战场上大量死亡。不过在英法百年战争期间，重甲骑士的伤亡率还是达到了相当高的程度。但令人意外的是，大部分重甲骑士并非死于威力惊人的英格兰长弓，而是被匕首割断喉咙而死亡。当时的步兵如果要以个人力量来对付重甲骑士，匕首算得上是唯一有效的武器。

十字护手匕首是中世纪欧洲出现最早的匕首，其英文为 Cross-hilt dagger。因为这种匕首的护手与主体呈十字架形，也译作十字匕首。在中世纪手绘画册《摩根圣经》中，展示有十字护手匕首图。

19 世纪欧洲骑兵使用长刀作战

🔔 **小知识：**

> 　　百年战争是指英国和法国以及后来加入的勃艮第，于 1337 年至 1453 年间的战争，这是世界历史上跨度最长的战争，断断续续进行了长达 116 年。

　　中世纪晚期，欧洲最常见的匕首为锷叉匕首。这种匕首构造简单，制作比较粗糙，长约 40 厘米，重约 290 克，通常为普通士兵作战所用。不寻常之处在于鸟首状柄头和护手上水平的 S 形锷叉。此外，还有一种有趣的肾脏匕首，名字源于护手上两颗类似于圆形耳垂的球状物。这种匕首长约 35 厘米，重约 170 克，几乎整个欧洲都在使用，但在英国和部分低地国家（如荷兰、比利时、卢森堡等）最为流行，各级士兵都有佩戴。

古代欧洲骑兵作战的场景

匕首格斗术有哪些

匕首目前仍然是现代军队和执法机关的常用武器，其使用方式种类繁多。一般来说，匕首格斗术的基本招式有 6 种，即直刺、斜刺、上刺、下刺、侧刺和反刺。

要有效使用这些招式，前提就是正确握持匕首。匕首的握持方式主要有正握、反握两种。正握，即拳眼向上，拳心向下，刀尖从拳心处伸出。此种持法主要用于上刺、侧刺、反刺、斜刺等；反握，即拳眼向上，拳心向下，刀尖从拳眼处伸出。此种持法主要用于下刺、直刺等。

士兵二人小组进行匕首格斗训练

1）直刺

直刺即反握匕首，向前上右步或左步，由胸前向正前方猛刺。这种刺法多用于攻击敌人的胸、喉部位。

2）斜刺

斜刺可分为左斜刺和右斜刺两种。左斜刺：正握匕首，向前上左步或右步，由右肩上方向左下方猛刺。这种刺法多用于攻击敌人的头、左肩、颈等部位。

右斜刺：正握匕首，向前上左步或右步，由左肩上方向右下方猛刺。这种刺法多用于攻击敌人的头、右肩、颈等部位。

3）上刺

上刺即正握匕首，向前上右步或左步，由右肩上方向前下方猛刺。这种刺法多用于攻击敌人的头部、颈部、肩部和胸部。

上刺的防卫方式主要有以下 3 种。

（1）压臂夺刀。当敌刺来时，左手向右下拨敌手臂，并迅速上左脚，两手顺势抓敌右臂，同时左臂夹压右大臂，撤右脚的同时猛向右后旋转、下压，将敌摔倒，然后迅速压臂夺刀。

（2）侧踢腿擒敌。当敌右手持刀上刺时，迅速左闪身的同时，左手向右拨敌右小臂，立即用左脚侧踢敌右小腿（脚跟），左手反击敌面部（胸部），将敌人踢倒。

（3）侧蹬踢。当敌右手持刀上刺时，迅速后（左）闪身，左手向右拨敌右小臂，同时用左脚侧蹬敌肋部或胯下。

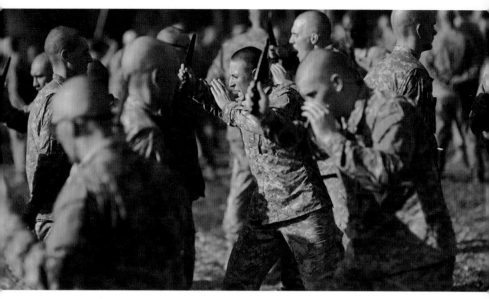

军队日常格斗训练

4）下刺

下刺即反握匕首，向前上右步或左步，由腹前向上方猛刺。这种刺法多用于攻击敌人的裆、腹、腰部。

下刺的防卫方式主要有以下 2 种。

（1）切击别臂夺刀。当敌右手持刀下刺时，左脚稍向左前移并闪身，左手挡敌小臂（手腕），同时右手抓拉敌右肘，右脚踢敌裆后立即后撤，两手向右下旋转将敌压倒，卷腕夺刀。

（2）交错切肘（侧踢腿）。当敌右手持刀下刺时，左脚向前上小闪身，左小臂上挑击敌肘，右小臂往下砸敌小臂，并抱住敌臂，左脚侧踢敌右脚跟，左臂猛向后挑，将敌摔倒。如敌紧握刀不放，可侧蹬协助夺刀。

5）侧刺

侧刺即正握匕首，向前上右步或左步，屈右肘向左侧平向猛刺。这种刺法多用于攻击敌人的腹、肋部。侧刺的防卫方式主要有以下 2 种。

（1）切击别臂夺刀。同防下刺。

（2）锁喉夹臂。当敌右手持刀侧刺时，迅速用左手拨敌右小臂收腹闪身，同时左脚向左前上一大步，右手由上向下夹抓敌右臂，左手锁住敌喉，并向下猛搬，将敌摔倒后迅速夺刀。

二战时期最著名的军用匕首之一——英国费尔班－塞克斯匕首

6）反刺

反刺是多用于连续进攻的一种方法，即正握匕首，向前上右步或左步，屈右肘向右侧方向猛刺。这种刺法多用于攻击敌人的腹、肋、腰部。如上刺接反刺或侧刺接反刺等。反刺的防卫方式主要有以下两种。

（1）当敌右手持刀下刺时，左脚稍向左前移并闪身，左手挡敌小臂（手腕），同时右手抓拉敌右肘，右脚踢敌裆后立即后撤，两手向右下旋转将敌压倒，卷腕夺刀。

（2）绊腿夺刀。当敌反刺时，收腹右闪身，左手顺势向左下拨开敌臂，并上左脚，屈肘夹抱敌小臂；右脚后绊敌右小腿，右手卡住敌喉，向左下推，左手向下拉并向左转体，将敌摔倒后迅速夺刀。

俄罗斯军队配备的永恒 M3 格斗刀

＞＞＞ 匕首刀对抗取胜技巧有哪些

　　不论是在战场上，还是平时的打斗，当对手持刀时，士兵需要在保持自身安全的前提下完成上级赋予的任务。一般来说，会面对下述 3 种情形。

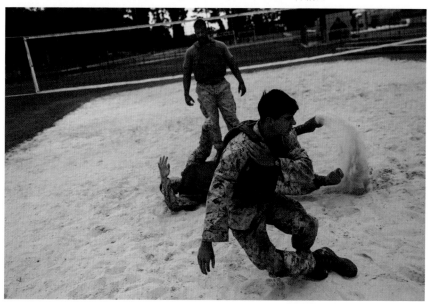

美国士兵进行格斗训练

己在敌前

　　在打斗过程中，敌己双方右手分别正握刀以格斗式对峙，在持刀过程中一般都会右腿稍靠前，身体半蹲，腿稍弯，背稍弓，两眼紧盯着对方的一举一动。这时候可抢在对手前行动，上体前倾，右手持匕首向对手的左侧直接刺出，对手身体稍向右倾躲闪过去，匕首同时回收，伺机实施攻击。在对手实施反攻之前，己方右手应迅速将匕首由敌左侧肩部向右胸腹部划出，出其不意将对手划伤，动作有力则伤口深，无论如何都让对手因疼痛而将匕首撒手扔在地上。为防止对手再度对己方进行反击，己方可以借对手因受伤而低头的瞬间，左手按其颈头，右手再用刀由右至左反向划回将对手致残或致死，以绝后患。

敌在己前

在打斗过程中，敌己双方同样持刀相对，此时对手会抢先持刀向己方左侧直接刺击，己方右臂应迅速以小臂向外格挡对手的小臂，将刀向外格出，同时持刀迅速向对手的右大臂划出，让对手因胆怯或被划伤而停止这个动作。对手因划伤后，动作迟缓，在其采取动作前，己方持刀的右手应迅速将攻击目标由右臂向右大腿内侧转换，用刀锋猛划对手的右大腿内侧。对手因大腿内侧被划伤后，低头向疼痛处观看，己方再右手反握刀，猛用刀尖划向对手喉部及右侧颈部，将敌擒住。

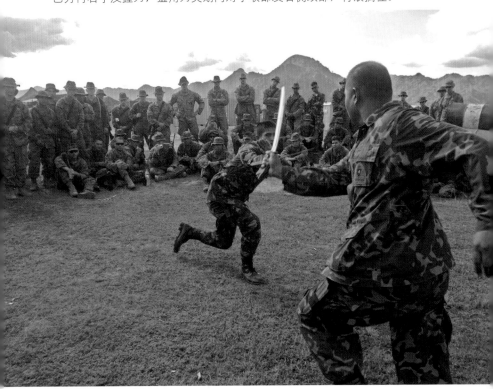

士兵持刀与队友进行练习

直指对手要害

打斗过程中，敌己双方同样持刀相对，此时对手会抢先持刀向己方左侧直接刺击，己方右臂应迅速以小臂向外格挡对手的小臂，或者向右侧闪身，躲开对手的攻击，此时己方应迅速右手持刀直指对手的右侧颈部或锁骨处实施攻击。若条件允许，可将匕首绕对手的颈部旋转一圈至对手颈部的右侧，将其喉部及颈部斩断，令对手受伤或被刺死，这样其手中的匕首自然脱落。若对手在己方的两次攻击下还有喘息，可再施杀招，右手由正握刀变成反握刀向对手的胸部心脏处猛刺，结束对手的生命，完成自己的使命。

手持匕首的士兵

　　在整个匕首刀对抗的过程中，己方在格斗尤其是持刀格斗过程中，动作应简单、直接，直指要害处，力争一招制敌于刀下。敌方大腿的动脉、手臂的动脉及心脏、颈部均为其要害及脆弱部位，可为首选攻击目标。非战场上，这些都是要命的部位，应视情况而定。

赤手擒住持匕首敌人的手法

特种兵在作战和执行任务的过程中，匕首是其不可缺少的、随身携带的杀伤型冷兵器。然而，根据任务的不同，在作战过程中匕首的运用也不相同。下面介绍特种兵在抓捕恐怖分子或犯罪嫌疑人的过程中实施的匕首擒敌技术。

士兵在泥地中进行格斗

由后锁臂挟颈

- 实战条件

    恐怖分子在自然行走或站立的情况下，由后持匕首向敌接近并欲将其制服。

- 攻击动作

    （1）右手持匕首迅速向敌接近的同时，双手回拉敌双臂肘关节。左手抓紧敌左臂肘关节，右手以刀柄敲击并回拉敌右臂肘关节。

    （2）左手迅速由敌左臂腋下穿过，圈抱敌双臂大臂位置，左手下压左肩前顶，使敌身体右倾的同时，右手持匕首由敌左肩上方穿过。

　　（3）左手圈抱住敌双臂向后回拉，右手持匕首由敌左肩上方穿过，并以匕首挟持敌颈部要害，将敌擒获。

士兵使用匕首进行格斗训练

击腹别臂锁喉

● 　实战条件

　　在与恐怖分子对峙的情况下，士兵右手持匕首向敌接近并欲将其制服，此时敌欲反抗。

● 　攻击动作

　　（1）敌以右手握拳向己方头、面部攻击。己方在左手挡抓敌右手腕的同时，右手持匕首以勾拳击打敌方腹部。

　　（2）敌吃痛之际，己方左手抓握敌右手上举的同时，右腿向前上步，身体由敌右臂下方穿过并向左后转180度。

（3）上体继续左转，左腿向敌左脚后上步的同时，左手抓握敌右手腕反拧敌右臂并向其背部折别。

（4）左手控制敌右臂，右手持匕首由敌左肩上方穿过锁控敌喉部要害，将敌擒获。

使用匕首已成为士兵的必备技能

抓腕圈臂控颈

- 实战条件

  恐怖分子在自然行走或站立的情况下，士兵由后持匕首向敌接近并欲将其制服。

- 攻击动作

  （1）士兵右手持匕首迅速向敌接近，左手抓握敌左手腕关节回拉。

  （2）迅速上右步近身向敌接近的同时，右手持匕首由敌右臂腋下穿过并上挑敌右臂。

  （3）上体重心后移左手控制敌左臂向后回拉的同时，右手持匕首圈抱敌右臂并由敌左肩上方穿过，以匕首控制敌颈部要害，将敌擒获。

击面扛臂挟颈

- 实战条件

在士兵与恐怖分子对峙的情况下，士兵右手反持匕首向敌接近并欲将其制服，敌欲反抗。

- 攻击动作

（1）敌以右手握拳向士兵头、面部攻击。士兵左手挡抓敌右手腕的同时，右手反持匕首以刀柄砸击敌方面部。

（2）趁敌吃痛之际，士兵左手抓握敌右手上举的同时，重心下沉，头部由敌右臂腋下穿过。

（3）右脚迅速向前上步重心上提，左手下压敌右臂，右肩向上扛敌右臂肘关节的同时，以匕首挟控敌颈部要害，将敌擒获。

使用匕首的士兵

反手持匕首有什么好处

短刀格斗和古典长刀长剑格斗有很大的区别。因为如果刀刃短小，双方站的距离就会很近，这就代表着反应时间的减少，根本没法互相保持安全距离，只能打贴身近战。只要一次误判或者一次攻击失误，对手就可以趁势反击置己方于死地，所以根本没法做到完美防守，只能兵行险招，招招与敌搏命。因此，短刀格斗整个格斗过程通常非常短，大都是在数秒钟就可分出胜负。

短刀格斗先要学会正确握刀，在警察和部队中，匕首军刺的握法通常为手握拳持刀，刀尖从拳底伸出，这种握法在警察与军队中被称为正手握法。国外称为"破冰锥式握法"。

破冰锥式握法

这种握法虽被很多军迷、爱好者推崇，说可以格挡反击，招数灵活，能划伤对手咽喉和手腕，还能防夺刀等。但这种握法在实战中很少能看到，即便有也是为了把刀刃藏在小臂后面不让敌人发现自己有刀，然后在需要攻击的时候调转刀柄，变为刀尖朝上的握法，然后进行攻击。

手持匕首的士兵

　　还有一种握法在警察和部队中通常称被为反握，国外称为"打击式握法"。军警通常认为反握攻击角度单一，容易被打掉或者躲闪，在电影里还常常被主角反夺刀。但现实中，这种握法却是最常见的握法。在街头短刀格斗中，几乎没有人使用警察与士兵所用的正握式，其理由是便于格挡与反击。

打击式握法

　　实战中一般可用非持刀手小臂去挡住对方手腕或小臂使对方无法进行捅刺。一般没有经验的人会试图抓对方手腕，但实际上这比较难做到，对方如果稍微有点经验，就不会让你轻易抓住手腕。如果自身力量不大还容易让对方挣脱，并回手给你一刀。但是用小臂去挡住对方手腕或小臂就相对容易做到了，如果有可能，可以在两臂相交后顺手去抓对方手腕，但一般情况下只要挡住对方攻击就可以立刻进行反击。

士兵手持战术匕首

圆头匕首是如何穿过铠甲缝隙的

圆头匕首是一种用途多样的兵器，它因护手和柄底部位都呈圆形或者近似圆形而得名，总体上给人一种比较古朴的感觉。

不同类型的圆头匕首

圆头匕首出现于欧洲中世纪晚期，它的刃部十分坚硬，主要供游走的商人和骑士们使用，是一种显示出身高贵的兵器，既可以用来杀敌防身，还可以在野外当作凿子等工具使用，在当时的比武场上也能经常见到它的身影。

保存在博物馆中的中世纪时期的圆头匕首

圆头匕首

　　该匕首的刃部长而纤细，可以达到 30 厘米以上，由钢制成，因此十分坚硬，刃的两侧也打磨得十分尖锐，整体长度一般在 50 厘米以上，介于单手剑和匕首之间。由于刃部锋利，圆头匕首有很好的切割效果，但其主要的攻击方式还是刺击。正因如此，它非常适合对付身穿锁链甲和皮甲的敌人，如果遇到身着板甲或重铠的敌人时会显得乏力。但从总体上讲，无论在战场还是平时这种匕首都是很致命的攻击武器。

古代欧洲使用的盔甲

匕首这类武器在最初只是被农民作为切割工具使用，但是后来却成为骑士的标配武器。这是因为锻造精良的匕首虽然短小，但是也可以轻松刺穿铠甲的薄弱部位，如关节处以及头盔的缝隙，这样一来一把匕首就可以迫使一个落马倒地或者受伤的骑士缴枪投降。相比链枷、鹤嘴锄等擅长破甲的武器，匕首更加轻便也更容易隐藏，关键时刻还能发挥意想不到的奇效。而且圆头匕首相比一般的匕首，尺寸更长也更坚硬，圆形的护手与柄鞍也使其不容易脱手，这是让在战场上厮杀的骑士们无法拒绝的关键优势。

>>>>> 如何在现代战争中有效利用匕首

匕首携带方便，容易隐藏，所以即使在火器发达之后，其仍然是军人无法离手的原始武器。在二战中，美国军队使用的匕首较有特色，其刀柄有防滑槽，锋尖为双刃，利于突刺。一面刃的后半部为无锋的刀背，便于切削。这种匕首当时也为反法西斯的盟国部队所使用，因而颇为著名。朝鲜战争时期，美国军队特别是飞行员使用的是单刃宽血槽，有厚实的刀背，形似猎刀的军用匕首。在越南战争时期，美军特种部队的军用匕首在单刃匕首的基础上，刀背加开了锯齿，更有助于携带者野外生存。时至今日，美国陆军匕首已经被 M9 多用途刺刀所替代。

士兵使用匕首进行格斗训练

插入刀鞘中的战术匕首

　　匕首也是野外生存的重要工具。美国特种部队在野外生存训练中，要求受训官兵只携带军用匕首和指北针，或者将其中一样换成一壶水，在模拟敌后的条件下，只身按规定时间到达地图标定的地点。训练中，极少有人用匕首换水。生存教官强调，刀具是紧急生存的无价之宝，在身历险境时要养成随时检查刀具的习惯。美军远程侦察的单兵装具要求放下背囊之后，身上必须保证有弹药、水、口粮、地图、指北针和军用匕首。敌后行动时匕首不能挂在外腰带上，一旦战斗需要轻装，解下外腰带时，匕首也就不在身边了。

造型独特的蝴蝶 178SBK 匕首

　　除了军队，匕首也是情报人员的重要装备。西方至今用"斗篷与匕首"式的人物来形容间谍。美国人迈尔斯·科普兰所著《新谍报学》一书的副标题即为"不用斗篷，也不用匕首"。另外，美国特种部队的标志就是两支交叉的箭，中间一把匕首。值得一提的是，军用匕首已经逐步由以往用途单一的双刃短剑型，向多用途单刃猎刀型转变。特别是近几十年来，军用匕首与刺刀相互结合，开始向格斗、生存多用途发展，匕首、短刀与短剑之间的界限也越来越模糊。

手持匕首的士兵

▶▶▶▶ 匕首枪的作战用途体现在哪些方面

　　在战场上，士兵杀敌并不仅仅是凭借技术取胜，有时还需要智取。如何迷惑敌人，在敌强我弱时反杀敌人，取得胜利，一种好的武器可起到至关重要的作用。匕首枪作为一件攻守兼备的轻武器，已成为了现代军队装备中的重要物品。

　　匕首枪的作战用途在于保障特种兵及特勤人员执行俘虏敌方人员的任务，或在俘虏不成的情况下迅速将敌人击毙。该枪除了具有手枪和匕首两种功能以外，还具有锉、剪、切、起瓶盖、开罐头等功能，具有极强的野战生存力。

NRS-2 侦察匕首发射机构特写

1838 年美国研制出的单发滑膛埃尔金短刀手枪，配备一块博伊刀片，主要由当时的登船队使用。个别埃尔金手枪在美国内战期间仍被使用。

NRS-2 侦察匕首是一款采用内置单射击式射击装置的生存刀，枪口位于匕首刀柄的尾部，最大速度可达 200 米／秒，每次可装 1 发 SP-4 特制受限活塞子弹，该子弹发射时发出的声音很小。NRS-2 由 20 世纪 80 年代苏联制造，现在仍作为俄罗斯特种部队"阿尔法小组"和特种执法团体的个人武器。

士兵正在使用匕首枪发射子弹

NRS-2 侦察匕首

匕首枪的存在，使近身搏斗和远程射击实现了完美的结合，大大地提升了使用者的战斗能力，是不可多得的暗杀利器。

士兵进行匕首枪射击训练

在早期战场上，使用刺刀有什么好处

战争从冷兵器时代进入热兵器时代，用的时间很长，早期的火枪发射速度慢，同时子弹的命中率不高。19 世纪时各国的军队都采取排队枪决的阵型就是这种原因，圆形的弹丸在 100 米以外基本上就不知道飞到哪里去了，而且在 100 米的距离内，也不是"指哪打哪"，多数情形下是"打哪指哪"，正因为火枪功能不完善，所以刺刀就成了主要的战斗武器。

澳大利亚士兵使用带有 M7 刺刀的 AUG 突击步枪

大约在 1640 年，刺刀作为前装滑膛枪的配装武器，创制于法国东南部的巴荣讷城，"法文刺刀"（Baionnette）一词就是由该城的名称 Bayonne 演变而来，并一直沿用至今的。

刺刀主要装配于步枪上，其鼎盛时期是在二战以前，当时单发步枪是各国步兵的主要武器，火力较弱，因而刺刀作为一种重要的战术突击格斗武器极受各国军队的重视。

美国 M4 刺刀

作为最早大量换装刺刀的军队，英国陆军本身就一直维持着相当的战斗力，英军士兵的训练标准与严格度可以说冠绝欧洲，因此保障了英军的刺刀拼杀能力。无论是面对拿破仑时代的法军，克里米亚战争中的俄军，还是一战中的德军，英国人都以训练有素的刺刀搏杀和严整的阵型让敌人叫苦不迭。

AKM 刺刀与 AK-47 突击步枪所使用的弹匣

　　到了二战时期，随着坦克、火炮等重型武器的广泛使用，步枪本身的作用和地位开始明显下降，使用刺刀的机会就更少了。战后，刺刀的发展进入了低潮，一些人甚至主张干脆取消刺刀。70 年代，美国陆军甚至取消了刺刀训练科目。

　　20 世纪 80 年代以后，刺刀重新受到各国军队的重视，英、美等国研制并装备了新式刺刀。新式刺刀在保留拼刺功能的同时，也突出了多功能，除了能刺、切、割、锯外，还增加了剪铁丝、开罐头、起螺丝钉等功能。与此同时，供空军、海军、特种兵等诸兵种使用的多功能匕首（救生刀）也得到了快速发展。

爱尔兰仪仗队配备的带有刺刀的步枪

▶▶▶ 白刃战中，使用刺刀拼杀有什么优势

　　白刃战是指不用火器远距离对射，在近距离发生的以格斗为主要形式的作战形式，样式上有徒手肉搏，拼刺刀，使用匕首、大刀、工兵铲对砍等，是极为残酷的战斗。

一场高强度的战争对于武器弹药的耗费是异常恐怖的，因此当战争进行到一定程度时，交战双方都会面临弹药告罄的局面，所以拼刺刀实际上是最无奈的选择，不论是在亚洲战场还是在欧洲战场上，拼刺刀随处可见。

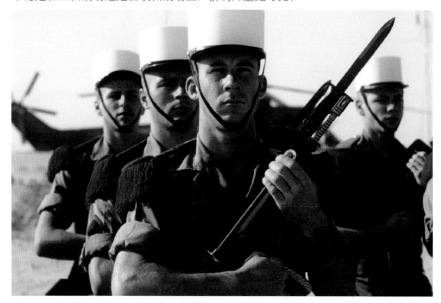

法国士兵手持装备有 FAMAS 刺刀的 FAMAS 突击步枪

白刃战就是交战双方军队已经近距离接触厮杀，随意开火很容易误伤周围战友，并且就算你击中了敌人，但是子弹基于其庞大的动能，可以轻而易举地贯穿没有骨骼覆盖的人体脆弱部位，从而造成二次杀伤，如此一来误伤也就在所难免了。另外一个原因就是战场礼仪，若是一方选择白刃作战，那么对方军队为了士气和尊严在一定程度上也会选择短兵相接。

OKC-3S 刺刀及其刀鞘

　　在短兵相接的情形下，敌人不会给己方拉开距离瞄准的机会，并且在一战和二战早期步兵手中的枪械都是击发式步枪，打一枪就需要几秒装填，而在争分夺秒的白刃战中不可能拥有这么充裕的时间。

配备在 AKM 突击步枪上的 AKM 刺刀

　　在小于 1 米的近距离战斗中，刀的攻击速度要比枪械快很多，往往在扣动扳机的时候对方的刺刀已经刺中了己方的要害部位。

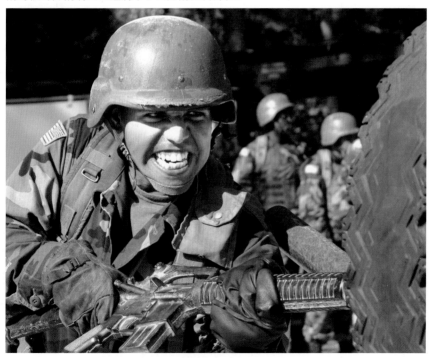

美国士兵用步枪上的刺刀进行穿刺训练

　　然而使用刺刀拼杀并不是简单的技法训练，它综合了对战时地理环境等诸多因素的考虑，在技术上不光重视刺刀和枪托的杀伤力，还注重腿法的使用。在战术上不但强调用"快""稳""狠"，还注重"骗""闪""防""诈"，在战略上更是强调利用周边环境避实就虚最大限度地提高生存能力。可以说，这简单的拼杀法在训练中可使人获得一种精神威慑力并产生一种无畏的气概。通过这样的训练即使手中无刀也可杀人。

>>>> 在现代战场上如何运用刺刀冲锋

刺刀又称枪刺，日本人称为铳剑，是装于单兵长管枪械（如步枪、冲锋枪）前端的刺杀冷兵器，既可用于白刃格斗，也可作为战斗作业的辅助工具，它在近战、夜战中可以发挥很大的作用。但随着大环境的变化，热兵器取代冷兵器，它更多时候被当作一种匕首使用。

19世纪西方士兵采用刺刀冲锋

士兵进行日常拼刺训练

　　刺刀冲锋是在小单位狭窄正面上用大量人员以一定速度进行突破以打破敌方战线的战术。实施这种战术第一要有一定的人员达到一定密度，第二要能压制对方。

美国士兵配备的步枪刺刀类型

在战场上如果弹药多的话，一般不会用到刺刀战术，尤其是现代战争条件下更是很少发生白刃战，但是白刃战这种无畏的战斗精神，一般是一支部队是否有战斗力的直接体现。所以虽然现在不经常或很少进行刺刀格斗，但多数国家军队都没有放弃刺杀训练，刺杀训练一方面可以锻炼部队的血性；另一方面也能让士兵掌握最后的杀敌本领。

战斗中用刺刀解决对方，这种面对面刀刀见血所产生的巨大心理压力，除非是长期经过训练的正规士兵，否则一般人很可能会当场心理崩溃。

在进行刺杀作战前，如果有条件的话，应尽量获得人数上的优势，同时指挥员要有果断的指挥风格，不怕伤亡，并能在刺杀冲锋中指挥部队保持最佳队形，防止人数优势因队形散乱而丧失。对于下达刺杀令的时机也要把握好，以便最大限度地保证刺杀的突然性，用最短的时间打破敌人的心理防线，这样才能获得最大的战果。但是刺杀作战，应该是作战过程中最后的撒手锏，在弹药充足的条件下，尽量不要使用。

士兵使用配备 M9 刺刀的 M4 卡宾枪进行射击演习

现代战场上，使用弓弩具有哪些优势

在特种作战中，先发现敌人就可以掌握战场的主动权，如何在不被敌人发现的情况下给敌人致命一击成为取胜的关键。现代枪械噪音大，而且如果是晚上开火，很容易就会向敌人暴露自己的位置，这是很危险的事情，因此人们把眼光瞄准了弓弩。

现代研制的手枪弩

　　弓是抛射兵器中最古老的一种弹射武器。它由富有弹性的弓臂和柔韧的弓弦构成，当把拉弦张弓过程中积聚的力量在瞬间释放时，便可将扣在弓弦上的箭或弹丸射向远处的目标。虽然弓的威力不如枪械，但弓的优点是隐蔽性好，而且因为噪音小，所以射手不容易被发现。

现代弓弩多用于暗杀行动

装有消声器的复合弓

现代战场使用的弓以现代复合弓为主，复合弓最大的特点就是运用滑轮来获得省力的效果。复合弓的上下都有 2 个滑轮机构，而这 2 个滑轮中心间的距离，就是这张弓的轴距，轴距反映了一张弓的大小。随着制弓技术的不断进步，弓的尺寸越来越紧凑。大多数复合弓携带方便，轻巧美观。弓使用时声音很小，而且箭头可以更换，发射隐蔽，这使弓在特殊作战（林地侦察、伏击）中可以发挥出比枪械更大的威力。因此，在现代特殊作战中，如何使用弓成了一门必修课。

手持现代弩的士兵

　　不过，还有一种类似于弓箭的武器，其具备了所有弓箭都具有的优点，但比弓箭更方便，那就是弩。军用十字弩发射的是弩箭，飞行需要一定时间，也就是说可以看到其飞行轨迹，从而避开，这也是军用十字弩被划分为近战武器的原因之一。弩也被称作窝弓，或者十字弓。弩的装填时间比弓长很多，而且在同样的开弓磅数条件下，它比弓的射程更短，但是，弩发射的箭矢短而粗，质心在气动中心前段，箭头在空中飞行时易于下坠，所以在近距离内杀伤力比弓更强。

　　同时由于弩是一个稳定的射击平台，开完弓后就无须强大的臂力支持，所以便于瞄准，因而弩的命中率更高。再者，弩的射击步骤简单且易于学习，相对弓而言对使用者的要求也比较低，使用者可以在短期内熟练掌握弩的射击方法，而且现代弩可以在后面安装瞄准镜，瞄准镜大大提高了弩的精确性，甚至可以在短距离内代替枪械，安静迅速地对目标进行射击。在现代战场上，这些古代的冷兵器通过自身的优点，仍然发挥着其不可替代的作用。

现代士兵作战

弓弩在特种作战中能发挥哪些作用

　　弓箭的使用，在人类技术史以至整个社会发展中的作用实属一次真正的"革命"。自从有了弓箭，人类的活动天地就更为广阔，开始走出山洞巢穴，离开大树、森林，来到平坦广阔的平原和草地安家。人类有了弓箭，不但能够得到更多的猎物，为自身的生存繁衍创造了良好的物质条件，而且大大增强了自身的安全防御能力。

使用现代弩的特种兵

　　虽然弓弩在热兵器时代已经退出了正规军队的装备序列，但其并没有完全丧失用武之地。世界各国的许多特种部队或特警单位都极为青睐这种历史极为悠久的杀伤武器，并在某些特殊的作战环境下仍然喜欢使用弓弩。

　　弓弩的主要优点是无声、无光、无热，既可隐蔽射手、杀敌于无形，又能将破坏减少到最小程度，特别是不会严重破坏相关设施，不会引燃或引爆易燃易爆物品，同时又能给犯罪分子以独特的心理压力。由于科学技术的发展，现代弓弩具有较高的技术水平，在很大程度上克服了一些固有缺陷，因而使用范围更广，使用更可靠。这就是各国特种作战单位装备并在一些特殊场合使用弓弩类武器的原因。不过，几乎所有单位选择使用的都是弩。这是因为军用弩使用杠杆上弦，弓弦力量远高于弓，而且弓瞄准不便，耗费体力。

野外环境中士兵装备的现代弓弩

士兵正在调整弓弩

　　当然，除了小范围的军用外，现代弓弩主要的用途还包括体育竞赛或狩猎活动。在 1896 年第一届雅典奥运会上，射箭被列入了奥运会项目。1920 年，奥运会取消了射箭项目，直到 1972 年慕尼黑奥运会才被重新列入。1931 年，国际射箭联合会成立，同年举行了第一届世界锦标赛。目前，三项重要的世界射箭锦标赛是世界室外射箭锦标赛、世界室内射箭锦标赛以及世界野外射箭锦标赛。

特战小组使用弓弩执行任务

参考文献

[1] 军情视点. 铁血锋刃——全球冷兵器精选 100 [M]. 北京：化学工业出版社，2019.

[2] 叶阳. 世界冷兵器探微 [M]. 济南：山东美术出版社，2017.

[3] 指文烽火工作室. 战场决胜者：冷兵器时代 [M]. 北京：中国长安出版社，2017.

[4] 军情视点. 冷兵器图鉴 [M]. 北京：化学工业出版社，2016.

[5] 瀚鼎文化工作室. 冷兵器知识 [M]. 北京：航空工业出版社，2014.

[6] 威尔斯. 世界冷兵器历史图鉴 [M]. 姚军，译. 北京：人民邮电出版社，2014.